KB202159

스튜어디스·스튜어드가 말하는
항공 승무원

지은이들 원혜경 대한항공 객실 승무원 | 박관영 대한항공 객실 팀장(선임 사무장) | 박나윤 에미레이트 항공 객실 승무원 | 김정은 KLM 로열 더치 에어라인(네덜란드 항공) 객실 승무원 | 안정환 한성항공 객실 승무원 | 진성현 대한항공 행정 승무원(국제 그룹장) | 이종민 대한항공 객실 훈련원 서비스 부문 강사 | 이지은 승무원 영어 면접 지도(전 승무원 양성 학원 강사) | 정혜전 이미지 컨설턴트(서비스 매너 교육 강사) | 장순자 한국공항공사 인력 개발 팀장 | 김은주 카타르 항공 객실 승무원(이상 원고 게재 순) | 임진숙 프리랜스 라이터

스튜어디스 · 스튜어드가 말하는 항공 승무원

2008년   5월   8일 초판   1쇄 발행
2025년   4월 15일 초판 13쇄 발행

지은이 원혜경 외 11인

펴낸곳 부키(주)
펴낸이 박윤우
등록일 2012년 9월 27일 등록번호 제312-2012-000045호
주소 서울시 마포구 양화로 125 경남관광빌딩 7층
전화 02) 325-0846
팩스 02) 325-0841
홈페이지 www.bookie.co.kr
이메일 webmaster@bookie.co.kr
제작대행 올인피앤비 bobys1@nate.com
ISBN 978-89-6051-028-9 14300
ISBN 978-89-85989-61-9 (세트)

부키 전문직 리포트 11

스튜어디스·스튜어드가 말하는

항공 승무원

12인의 스튜어디스·스튜어드들이
솔직하게 털어놓은
항공 승무원의 세계

부·키

4장 승무원 정보 업그레이드

1장

새내기 승무원의 좌충우돌 일기

최고의 승무원이 되는
그날까지

| 원혜경 |

1982년생. 2007년 2월 부산 동아대학교 경제학과를 졸업했다. 2006년 9월에 대한항공 객실 승무원으로
입사했다. 비행 경력 1년을 조금 넘긴 새내기 승무원으로, 열심히 업무를 배우고 있는 중이다.

"인생 끝난 것처럼 그러지 마라."

인하공전 항공운항과 입학 시험에 떨어지고 나서 몇 날 며칠을 울
자 엄마가 나를 달랬다. "난 인생 낙오자야. 나 승무원 못 될 것 같아."

고등학교 때에도 나의 장래 희망 1순위는 승무원이었다. 오로지 승
무원이 되고 싶어서 택한 학교였다. 수능 점수도 웬만큼 나왔고 해서
합격하리라고 생각했는데, 대기자 명단에 이름이 올랐다가 낙방하고
말았다.

실패의 원인이 무엇이었을까. 면접 때 보니 다른 수험생들은 철저
하게 준비를 한 티가 났다. 승무원처럼 올림머리를 하고 흰 블라우스에
검은색 치마를 입고 온 학생들도 많았다. 나는 수능 시험 끝나고 나서
기분 전환 겸 머리에 염색을 한 상태였다. 여러모로 나의 능력이 부족

했겠지만, 그런 것도 감점 요인이 되지 않았나 싶었다.

승무원이 되면 여러 나라를 방문하고, 많은 사람도 만날 수 있어 좋을 것 같았다. 난 웃음 띤 얼굴과 친절한 자세로 사람들에게 서비스를 잘할 자신이 있었다. 그런데 승무원이 되기 위한 첫 관문에서 좌절하고만 것이다. 밤새 울고불고하는 내게, 엄마는 "괜찮아. 4년제 대학 들어가서 공부하다가 나중에 승무원 시험 치면 돼." 하고 위로했다.

나는 부산 동아대학교 도시계획·조경학부에 입학했다. 한동안 전공 공부에 재미가 붙어서 승무원이 되겠다던 생각도 잊고 지내다가 2학년 마치고 런던에 어학연수를 갔다. 거기서 외국 사람들을 만나고 인근 국가로 여행을 다니면서 사그라졌던 내 꿈이 되살아났다. 도시계획·조경학부에서는 밤새도록 설계 작업을 하는 일이 많아 승무원 시험 준비를 할 시간이 부족할 듯했다. 나는 전과하기로 마음먹었다. 이왕이면 승무원 생활에 도움이 되는 영어영문학부로 옮기고 싶었는데 여의치 않아 경제학과를 선택했다.

3학년 말에 경험 삼아 에미레이트 항공사(Emirates Airline) 시험에 응시했으나 결과는 불합격이었다. 졸업 예정자도 아니어서 합격하더라도 어차피 일을 시작할 수는 없었지만, '뭘 해도 안 되는구나' 하는 실망감이 들었다.

웃고 웃고 또 웃고

4학년 1학기 중간고사를 볼 즈음에 대한항공과 아시아나 항공에서 승무원 채용 공고가 났다. 난 영어 강사로 아르바이트하며 모아 놓은 돈으로 여름방학 때 필리핀에 가서 어학연수를 할 계획이었다. 9월께 공고가 날 거라는 소문이 있었는데 갑자기 6월에 발표가 나는 바람에, 부랴부랴 학원이며 비행기 표 예약을 취소했다.

채용 공고를 본 순간 내 가슴이 떨리기 시작했다. '진짜 시험이 코앞에 닥쳤구나.' 승무원 지망생들이라면 꼭 한 번쯤 들르는 인터넷 카페에 들어가 스터디 그룹 멤버를 모집했다. 그 해에 마지막으로 승무원 시험에 도전하는 사람을 포함해 7명이 모였다. 운 좋게도 어떤 분이 "혹시 스터디 룸이 필요하지 않느냐?"며 쪽지를 보내왔다. 개원한 지 두 달밖에 되지 않아 교육생들이 거의 없는 승무원 양성 학원에서 우리에게 무료로 강의실을 내주었던 것이다.

우리 그룹은 일주일에 서너 번 그곳에 모여 스터디를 했다. 면접 기출 문제를 뽑아 같이 공부하고, 서로 역할을 바꿔 가며 가상 면접을 하기도 했다.

나는 좋은 이미지를 만들기 위해 노력했다. 이미지는 단지 '얼굴이 예쁘다, 아니다'로 판가름 나지 않는다. 말투나 표정, 자세, 행동 들이 그 사람의 이미지를 결정한다. 좋은 이미지를 만들기 위해 내가 가장 공을 많이 들인 것은 웃는 연습이다.

"넌 말할 때 한쪽 입 꼬리가 올라가더라. 기분 나쁜 인상으로 비칠 수도 있겠어."

"넌 좀 도도한 이미지를 풍겨."

스터디 그룹 멤버들의 지적을 듣고 난 본격적으로 이미지 개선에 들어갔다. 여동생한테 비디오카메라로 내 모습을 찍어 달라고 했다.

'도대체 어느 쪽 입 꼬리가 올라간다는 거지?'

'실제로는 도도하지 않은데, 어떻게 하면 그런 이미지에서 벗어나

편안하고 친절하게 보일 수 있을까?'

나는 지하철을 타고 가면서도 맞은편 창유리를 보며 웃는 연습을
했다. 그리고 스마일 마크를 그려 놓은 포스트잇으로 방 안을 도배하다
시피 했다. 천장, 벽, 창문, 거울에도 스마일 그림을 붙여 놓았다. 아침
에 눈을 뜨면 천장에 붙어 있는 그림 보고 한 번 웃고, 거울 보다가 또
한 번 웃고, 그렇게 시시때때로 웃었다

수험번호 444

서류 전형부터 5차 신체검사까지 피를 말리는 기간이었다. 한 고비
넘기고 나서 붙었는지 결과를 기다리고, 합격하면 다시 그 다음 시험
준비하고, 또 결과를 기다리고…. 두 달 동안 난 신경성 위염에 걸려
고생했다. 내 모습이 딱해 보였는지 할머니가 "우리 손녀 완전히 진을
빼네. 빨리빨리 끝나야지." 하며 걱정을 했다.

공교롭게도 대한항공 수험 번호가 444번이었다.

'뭔가 안 좋은 거 아니야?'

불길한 생각이 들었다. 속으로는 어땠는지 몰라도 엄마는 그런 내색
을 비치면 내가 기죽을까 봐 "특별한 건 다 좋은 거."라고 안심시켰다.

면접이 있을 때마다 미용실에 들렀다. 화장은 직접 하겠는데, 승무
원들이 하는 올림머리는 집에서 아무리 연습을 해도 손에 익지 않았다.
부산에서 올림머리 잘한다고 소문난 미용실을 알아 두고 면접 날 전에
예약을 했다.

1차 면접 때에는 대개 흰 블라우스에 검은색 치마를 입는데, 특이

하게 대한항공 승무원 유니폼처럼 파란색 블라우스에 흰색 치마를 입고 온 사람들도 눈에 띄었다. 2차 면접 때에는 회사에서 제공하는 승무원 유니폼을 입도록 되어 있다. 지원자들에게는 꽤나 신경 쓰이는 선택의 순간! '흰색이 잘 어울릴까? 파란색이 잘 어울릴까? 어떤 색을 입어야 얼굴이 더 환해 보일까?' 나는 고심을 하다가 흰색 블라우스에 파란색 스카프를 골랐다.

"나, 흰색이 잘 어울려? 파란색이 잘 어울려?"

이 사람 저 사람 똑같은 소리를 하며 똑같은 고민을 했다. 1차 면접에서 내가 예상한 질문은 나오지 않았다. 전공과 학교에 대한 질문과 기내에서 담배 피우는 승객을 보았을 때 어떻게 하겠느냐는 질문을 받았다. 승무원 지망생들과 정보 교환을 할 때 장기 자랑도 하나씩 준비해야 한다고 해서 삼행시를 지어 가기도 했다. 면접 장소에서 선보이지는 않았는데, 나중에 친구들이 내가 지은 어설픈 삼행시를 듣고는 하지 않은 게 다행이라고 입을 모았다.

악력, 민첩성, 유연성 등 체력 테스트까지 마치고 최종 결과를 기다렸다. 위염과 싸우며 견딘 시간, 그리고 마침내 내게 날아든 합격 메일. 합격 통보를 받고 난 펑펑 울었다. 물론 기쁨의 눈물이었다. 세상을 다 얻은 것 같았다. 수험 번호 444. 그건 죽음의 '4'가 아니라 사랑의 '4'였던 것이다.

사람은 큰물에서 놀아야지

나는 대한항공과 아시아나 항공 두 군데 모두 최종 합격을 했다. 스

:: 승무원 실습 교육을 수료한 후 동료들과 함께.

터디 그룹 멤버 가운데 3명이 합격의 기쁨을 누렸다. 어느 항공사로 가야 할지 결정을 내려야 했다.

"사람은 큰물에서 놀아야지. 큰 조직에서 일하는 게 성장을 위해 더 좋을 것 같다."

부모님은 내게 대한항공 입사를 권하셨다. 열심히만 하면 승무원으로서만이 아니라 다른 기회도 더 얻을 수 있지 않을까 하는 생각에 나는 대한항공을 최종 선택했다.

"대한민국의 항공사 두 곳 다 붙은 데 의의가 있는 거야."

내가 승무원이 되는 걸 원치 않았던 아버지는 무척이나 좋아하셨다. 그런 아버지의 모습을 보니 내 마음도 뿌듯했다. 아버지는 중국에서 사업을 하시기 때문에 비행기를 타 본 경험이 많다. 그래서 승무원의 일이 힘들다는 것도 잘 아신다. 내가 은행원이나 공무원이 되기를 바랐던 아버지가 지금은 어디 가면 딸 자랑부터 하신다.

합격 후 나는 교수님들에게 양해를 구하고 부산에서 서울로 올라왔다. 친구 자취방에서 한 달쯤 같이 지내다가 김포공항 근처에 방을 얻었다. 교육 받으면서 보니 넘어야 할 산이 적지 않았다. 매일 치르는 시험에 통과를 못 하면 도중에 탈락할 수도 있었다. 필기시험, 무서운 안전 교육, 낙오될지도 모른다는 불안감…. 교육 기간 동안 울기도 많이 울었다.

그러면서 나는 조금씩 승무원이 갖추어야 할 것들을 배워 나가고 있었다. 미용사 손을 빌려서 했던 머리 손질도 어느덧 익숙해졌다.

교육 받을 때에는 힘이 들어서 빨리 비행을 하고 싶다는 생각이 간절했다. 그러나 지금은 그때 그 시절이 그립다. 똑같은 체육복 입고서 훈련 받던 동기들과 "이것밖에 못 합니까?" 하고 소리 지르며 혼내던 강사님, 커피숍에 모여 매뉴얼 공부를 하던 시간, 지나고 보니 모두 재미있었던 추억으로 떠오른다.

스카프를 세워라!

시험 비행은 하노이로 갔다. 동기 4명과 함께 실습 비행이라는 배지를 달고 비행기에 올랐다. 나는 바짝 얼어서 탑승하는 승객이 보이기만 하면 큰소리로 "안녕하십니까."를 외쳤다. 그 비행기는 특성상 승무원이 직접 안전벨트, 구명조끼, 산소마스크 등을 착용해 가며 기내 안전에 관해 안내해야 했다. 선배의 안내 방송 후 승객들 앞에 자리를 잡고 서 있는데, 어찌나 많은 이의 눈들이 나를 향해 있는지 너무 민망하고 떨려 어떻게 끝냈는지도 모르겠다. 승무원은 비행기 안에선 연예인과 마찬가지란 승무원 강사님의 말이 그제서야 무슨 의미인지 알게 되었다. 정말 승무원은 많은 이들 앞에서 대담하고, 적극적이고, 당당해야 했다. 승무원 일을 하면서 성격과 취향이 제각기 다른 승객들을 대하는 어려움도 알게 되었고, 단체 생활 속에서 어쩔 수 없이 생기는 미묘한 문제들도 느끼게 되었다.

그동안 소소한 실수를 수없이 많이 했다. 일이 서툴러 카트에 놓인 음식 쟁반들을 떨어뜨리고, 카트에 음료를 싣고 돌다가 쏟기도 했다. 음료를 승객에게 쏟기도 하고, "정신 똑바로 안 차릴래?" 하는 선배의 호된 꾸중을 들으면 화장실에 들어가 '난 바보인가 봐.' 자책하며 눈물을 찔끔 흘리며 나온 적도 있다. 내 나름대로는 열심히 하느라고 했는데 선배에게 그런 꾸지람을 들을 때면 괜히 서러웠다. '왜 계속 실수를 되풀이할까.' 몸도 피곤하고 정신적으로 스트레스를 받아 울컥울컥 감정이 솟구칠 때도 여러 번 있었다.

승객마다 성격도 제각각이라 응대하는 법도 쉽지가 않았다. 식사 서비스는 보통 두 가지 종류를 준비하는데, 한 종류가 다 떨어지면 그때부터 내 마음은 지옥이다. "그냥 아무거나 주세요.", "아무거나 먹어도 상관없어요."라고 말하는 승객은 정말 구세주 같다. 그러나 이런 승객은 그리 흔하지 않다. 그냥 조용히 "그럼 전 식사 안 할래요."부터 "내가 얼마를 주고 비행기를 탔는데 먹고 싶은 것도 못 먹어!!"라며 고래고래 고함을 지르는 손님까지 정말 진땀을 뺀다. 이때부터는 승무원의 고객 응대 노하우에 의해 승객의 기분이 좌지우지된다. 아쉽게도 아직 나에게는 이렇다 할 노하우가 없다. 그저 승객의 말씀 경청하고, 나의 진심어린 서비스에 호소할 밖에….

그래도 승객들이 "어쩜 그렇게 생글생글 잘 웃고 말도 그렇게 예쁘게 하느냐."며 칭찬을 해 주면 피곤함이 가셨다. 또 승객들이 비행기에

:: 비행 중 잠시 짬을 내어 관광에 나섰다. 왼쪽이 나이아가라 폭포, 오른쪽이 런던 시내.

오르내릴 때 내가 건네는 인사말에 응대를 해 주면 기분이 좋아졌다. 그새 외국인 손님에게서 칭찬이 담긴 편지를 받기도 했다. 그런 격려가 나에게 힘을 주었다.

비행지에서 보게 되는 세계 각국의 모습과 음식들 또한 힘들었던 비행의 선물이었다. 비엔나에서 본 클림트의 그림, 프라하 카를 교에서 본 야경, 런던에서의 뮤지컬, 토론토에서의 나이아가라 폭포 등등 정말 말 그대로 선물이었다. 또한 승무원들이 비행 가서 꼭 먹는 음식들이 있었는데, 자카르타에선 마요네즈 쉬림프를, 방콕에선 시푸드와 수키, LA에선 차돌박이, 독일과 비엔나에선 족발 등을 먹었다. 한국에 있으면 이 맛이 그리워 빨리 비행 가고 싶을 때도 있다.

비행 경험이 많지는 않지만, 노선마다 특징이 있다는 것도 알았다. 10대, 20대 유학생들이 많이 타는 미주 캐나다 노선의 경우, 식사보다는 탄산음료를 선호하는 경향이 있다. 등산객들이 많이 탑승하는 네팔 노선이나 러시아 노선의 경우에는 맥주, 와인 같은 주류가 동나다시피 한다. 일본으로 가는 노선의 경우, 춥다며 '블랭케또'를 찾는 승객들이 많기 때문에 담요를 넉넉히 준비해야 한다. 그리고 따뜻한 차를 찾는 승객들이 많다. 단체 관광객이 즐겨 찾는 동남아 노선에서는 볼펜, 땅콩, 고추장 등이 인기가 있다.

승무원 유니폼을 입으면 사람들의 시선 때문에 행동에 제약을 느끼기도 한다. 비행을 마치고 인천공항에 도착해 리무진 버스를 타면 피곤해서 잠을 자고 싶어도 사람들에게 흐트러진 모습을 보일까 봐 억지로 참을 때가 있다. 그런가 하면 승무원들이 허영심이 많고 사치를 한다는 그릇된 선입견이 있어 면세점에서 직업상 필요한 립스틱이나 향수를 살 때에도 눈치가 보이곤 한다.

외국에 나가면 대한항공 승무원 유니폼이 예쁘다는 소리를 많이 듣는다. 공항에서 다른 항공사 승무원들은 "어느 항공사냐, 너희 유니폼 정말 예쁘다."고 부러워하고, 보통 사람들은 지나가다 힐끔힐끔 쳐다본다. 기내에서는 머리핀이나 스카프를 살 수 있느냐고 묻는 승객도 있다. 목 뒤로 빳빳하게 세운 스카프는 여 승무원 유니폼의 포인트다. 한 개그맨이 대한항공 여 승무원들이 매는 스카프를 소품으로 응용해 시청자의 눈길을 끌기도 했는데, 난 스카프가 곧고 반듯하게 잘 매어지는 날이면 덩달아 그날 기분도 더 좋아진다.

내가 스카프를 세우는 비법은 바로 다림용 풀과 정성스런 다림질. 스카프에 다림용 풀을 뿌린 다음 다림질을 하면 스카프가 빳빳해진다. 습기가 많은 동남아 국가로 비행을 가면 특히 스카프 모양이 제대로 살지 않는데, 이때는 승무원의 필수품인 헤어 스프레이를 조금 뿌린 후에 다리면 빳빳한 모양을 유지할 수 있다. 나는 브리핑이 시작되기 전에 호텔 방에서 정성스럽게 스카프를 다림질한다. 곧고 반듯하게 모양이 난 스카프를 매고 신바람 나게 서비스할 맛이 나도록.

승무원인 줄 알았네

언젠가 친구와 함께 홍대 근처에 있는 식당에 고기를 먹으러 갔다.

"무슨 일 하세요?"

식당 사장님이 내 직업을 물었다. 나는 그냥 회사에 다닌다고 대답했다.

"난 승무원인 줄 알았네. 정말 승무원 같구먼."

사장님의 말을 듣고 난 친구와 함께 웃었다. 머리도 평범하게 묶고 갔는데 왜 그런 인상을 받았는지 모르겠다. 어딘가 모르게 나한테서 승무원 티가 났나 보다. 하기야 오랜만에 나를 본 부모님이 곧은 자세로 예쁘게 걷는다며 놀라신 적도 있었다.

또다른 변화도 있다. 난 비행 근무를 하고 나서 제때 잘 챙겨 먹지 못했는데도 살이 찌기 시작했다. 아마도 불규칙한 식사가 원인인 것 같다. 아토피처럼 피부 트러블이 생겨 피부 관리를 받아야 하고, 위염 증상도 간간이 괴롭힌다. 구두를 신고 기내에 오래 서 있는 까닭에 발바닥이나 발가락에 티눈이 생긴 승무원들을 많이 보았는데, 급기야 내 오른쪽 새끼발가락에도 티눈이 생겼다. 이래저래 나도 승무원 티를 내고 다닌다.

친구들은 나를 부러워한다. 우선 내가 또래들보다 수입이 많다는 점이 부러움을 사는 요인이다. 다른 친구들보다 초봉도 높은 편이고, 비행 시간에 따라 급여를 더 받을 수도 있다. 원하는 일을 하면서 돈도 벌고 여러 나라를 다니기까지 하니 친구들은 나보고 정말 좋겠다고 한다. 시차를 겪어야 하고 기내에서 힘든 일을 한다는 건 생각도 못 하고.

또 승무원은 비행만 하면 되는 줄 아는 사람이 많은데, 사실 그렇지는 않다. 비행 전에 익혀야 하는 사항들이 매일 업데이트되기 때문에 확인해서 내용을 숙지해야 한다. 승무원은 비행을 하면서도 매년 몇 번의 테스트를 치러야 하고, 영어 시험, 방송 시험도 꾸준히 응시해 자격을 업그레이드해야 하기 때문에 쉬는 날에도 자기 계발을 게을리해서는 안 된다.

승무원들은 비행 근무를 시작하고 나서 3개월이 지나면 직원용 할인 항공권을 사용할 수 있다. 난 그런 혜택을 이용해 가족 4명이 모두 필리핀으로 여행을 다녀왔다. 비행 후 쉬는 시간 동안 다녀와 몸은 많이 힘들었지만 가족 모두 즐거워해 무척 행복했다.

한번은 부산에 계신 아버지가 중국에 다녀오신 뒤 들뜬 목소리로 "공항에서 '직원 티켓이네요?' 그러면서 환하게 웃어 주더라."며 기뻐하셨다. 항공권 할인 혜택은 본인과 배우자, 자녀, 부모는 물론이고 배우자의 부모까지도 누릴 수 있다. 언젠가 엄마와 내가 날짜를 맞춰 런던에 온 걸 보고 거기서 유학 중인 여동생이 볼멘소리를 했다.

"난 가족도 아니야?"

과거에는 승무원하면 젊은 여성들이 결혼 전에 잠시 경험하는 직업 정도로 여겼다. 그러나 지금은 결혼하고 아이를 낳은 뒤에도 비행 근무를 계속하는 승무원이 아주 많다. 몇 년씩 육아 휴직을 하고도 회사에 복직할 수 있는 걸 보면 승무원이 좋은 직업인 것은 분명하다. 나는 앞으로 결혼하고도 승무원 일을 계속하고 싶다. 1~2년 일하다가 그만둘 거라면 애초에 발을 들여놓지 않았을 것이다.

나는 지금 새내기 승무원이다. 그래서 비행을 할수록 욕심도 생긴다. 비즈니스나 퍼스트 클래스에서 서비스를 해 보고도 싶고, 사무장도 해 보고 싶다. 자격을 업그레이드해서 나중에 후배를 가르치는 강사가 되겠다는 꿈도 꾼다. 오늘은 어제보다 좀 더 세련된 서비스를 하리라 마음먹으며 거울에 붙여 놓은 스마일 스티커를 따라 환하게 웃어 본다.

(구술 정리 : 임진숙)

2장

다양한 숨무원의 세계

기내 서비스와
안전 보안의 책임자

| 박관영 |

1969년생. 1992년 광운대학교 법학과를 졸업했다. 대우개발 힐튼호텔 마케팅 부서에서 근무하다가 1995년 4월 대한항공 승무원으로 입사했다. 4년 동안 객실 훈련원 안전 교육 강사로 일을 했다. 현재 선임 사무장으로 국제선 비행 근무를 하고 있다.

승무원과 연예인의 공통점은?

첫째, 수많은 사람들을 상대한다.

둘째, 밤새워 가며 일을 한다.

셋째, 힘든 일이 있어도 밝은 표정을 짓는다.

넷째, 사인을 많이 한다. (승무원들은 기내에서 업무 절차상 확인 작업을 위해 사인할 일이 많다.)

또 한 가지 공통점을 꼽는다면 승무원도 연예인 못지않게 자기 관리를 해야 한다는 것이다. 많은 승객들을 상대하는 승무원들에게는 깔끔하고 단정한 용모가 중요하다. 남자 승무원에게도 몇 가지 규정 사항이 있다. 이를테면 머리카락이 옷깃에 닿으면 안 되고, 귀를 덮어서도 안 되며, 앞머리가 눈썹을 가려도 안 된다. 그리고 유니폼을 착용할 때에는 끈으로 묶는 구두를 신어야 한다. 물론 구두는 반짝반짝하게 광이 나야 한다.

남자 승무원들이 헤어 제품을 사용하는 것은 스타일을 살리기 위한 측면도 있지만 승객들에게 깔끔한 차림새를 보이고, 기내 식음료를 다룰 때 위생과 청결을 위해 머리카락을 고정하기 위한 목적이 있다. 내가 갓 승무원이 되었을 때만 해도 남자가 헤어 제품으로 스타일을 연출하는 것이 범상한 일은 아니었다. 저녁에 출근하는 남자들이나, 특별히 외모에 신경 쓰는 사람들을 제외하고는 헤어 제품을 사용해서 외모를 가꾸는 남자들이 드물었다.

훈련원에서 교육 받을 때 일어났던 황당한 에피소드가 있다. 강사가 머리에 '기름'을 바르고 오라고 지시한 다음날, 동기들이 모였는데 어디서 고소한 냄새가 진동을 했다. 알고 봤더니 부산 출신의 동기생 한 명이 머리에 '콩기름'을 바르고 나타난 게 아닌가. 포마드도 아니고 진짜 식용유를 머리에 바르고 오다니…. 아무튼 이 엉뚱한 사건으로 그 날 훈련원이 떠들썩했고, 그 친구는 다른 강사들에게까지 화제의 인물로 입에 오르내렸다.

승무원들은 또 몸 관리에도 신경 써야 한다. 지금은 오히려 몸이 불지 않게 운동을 하며 관리하는 상황이지만, 내가 승무원으로 입사했을 때에는 꽤 마른 체형이었다. 키 181센티미터에 몸무게가 65킬로그램밖에 나가지 않아, 내 아내가 "불쌍해서 결혼해 줬다."고 말할 정도였다. 그러니 승무원 유니폼을 입으면 헐렁헐렁한 게 영 모양이 나지 않아, 나는 오랫동안 각종 약과 보약을 먹으며 살을 찌웠다. 그 정도의 노력은 서비스하는 사람의 의무가 아니라 기본이라고 생각한다.

비행기에서 천생배필을 만나다

대학 졸업 후 다니던 직장을 그만두고 나서 난 잠시 방황을 했다.

'내가 정말 하고 싶은 일이 뭔가. 내가 좋아하는 직업을 찾아서 진정으로 적성에 맞는 일을 하고 싶다.'

그 무렵 사귀던 여자 친구가 외국으로 유학을 떠나 헤어지게 되었다. 내가 살던 곳이 서울 반포였는데, 그곳에서는 비행기 나는 모습이 자주 보이고 멀리서 비행기 소리가 들리곤 했다. 비행기를 볼 때마다 머릿속에 상념이 스치고 지나갔다.

'저 비행기가 그 사람 있는 곳에 갈까?'

그러던 어느 날 친구들과 저녁에 술을 마시고 있는데, 탁자 위에 놓인 신문에 대한항공 승무원 모집 공고가 실려 있었다. 비행기만 보면 어김없이 떠오르는 생각. 난 하늘을 나는 비행기가 모두 그 사람이 있는 곳에 가는 건 아니라는 사실을 직접 확인하고 싶었다.

'아쉬움을 갖고 사느니 정면 돌파를 해 보자.'

그래서 난 비행기를 타는 승무원이 되었다.

해외 비행을 나간 길에 그 친구를 다시 만났다. 그러나 재회하는 순간, 서로가 마지막이라는 걸 알았다. 나는 승무원이 되었다고 말하지 않고 일 때문에 출장을 왔다고 둘러댔다.

전화위복이란 말이 이래서 생긴 건가 싶다. 이별의 아픔을 달래려 비행기를 탔다가 천생배필을 만났다. 내가 대한항공에 들어오고 나서 그 다음 번 차수 승무원들이 입사를 했는데, 나와 같은 팀에 배정된 막내 승무원들 가운데 눈에 들어오는 사람이 있었다. 왠지 그 사람한테 잘 보이고 싶다는 생각이 들었다. 카이로로 비행을 갔다가 체류하는 동안 사하라 사막에서 팀원들과 함께 관광을 할 기회가 있었다. 그런데 그날 내가 달리는 말에서 떨어지는 사고가 발생했다. 그때 내가 마음에 두었던 여 승무원이 제일 먼저 달려와 다치지 않았느냐고 물어보았다. 나를 진심으로 걱정해 주는 마음이 느껴졌다. 나는 그 사랑스런 여인에게 '내 마음을 전해도 괜찮겠다'고 생각했다.

같은 팀 근무 기간이 끝나 갈 무렵, 나는 사무장에게 속내를 털어놓고 도와 달라고 부탁했다. 그때만 해도 승무원들의 사내 결혼이 흔치 않았던 터라 조심스러웠다. 독일 프랑크푸르트에서 그 사무장은 우리 두 사람이 함께할 수 있도록 저녁 식사 자리를 마련해 주고는 슬그머니 일어섰다. 나는 사귀고 싶다는 말로 마음속에 담아 두고 있던 것을 고백했다. 그 사람도 내가 싫지 않았던 듯 반승낙을 했다.

뉴욕에서 한국으로 들어온 날이었나 보다. 난 너무 피곤했지만 지금이 기회라고 생각해 그 사람에게 스키장에 함께 가자고 졸랐다. 스키를 잘 타지 못하던 그녀는 하루 종일 나에게 의지한 채 이끌려 지냈다. 나는 '됐다!' 하고 마음속으로 행복한 환호성을 질렀다. 그렇게 비행기에서 만난 인연으로 결혼에 골인했다.

그러고 보니 난 대한항공에 들어와 얻은 게 많다. 반려자, 두 아이, 그리고 오랫동안 기분 좋게 일하며 회사를 다닐 수 있는 행운까지.

건방진 청일점?

외아들인 내가 처음에 승무원이 되겠다고 했을 때 부모님은 굉장히 놀라셨다. 어머니는 "다시 생각해 봐라. 집안 사업을 물려받는 것도 괜찮지 않겠냐." 하며 내 마음을 돌려 보려 애썼다. 하지만 난 비행 일을 정말 해 보고 싶다며 뜻을 굽히지 않았다.

승무원으로 일하며 처음에는 적응하기 힘든 부분들이 있었다. 우선 성격이 내성적이어서 다른 사람들의 시선을 받는 것 자체가 어색했다. 또 당시에는 기내 서비스는 여자가 하는 것이라는 사회의 고정관념도 있어 날 위축되게 만들었다. 나부터도 남자가 서비스해 주는 것을 별로 겪어 보지 못했으니 말이다. 내가 직접 서비스하는 입장이 되고 보니 업무인 데도 낯선 느낌이 없지 않았다.

어떤 어르신들은 내가 "필요하신 음료가 뭡니까?" 하고 물으면 원하는 것을 애기하지 않는 경우도 많았다. "제가 해 드리겠습니다." 해도 다시 똑같은 반응이 나오면, 나는 직원들에게 양해를 구하고 대신 서비스해 줄 것을 부탁했다. 지금은 남자 승무원이나 승객이나 서비스를 주고받는 걸 당연하게 여긴다. 불과 10년 사이에 사람들의 인식이 그만큼 달라진 것이다.

여자 직원들과 생활하는 것도 처음에는 굉장히 힘들었다. 대학교에 다닐 때 법학과에는 4년 동안 여자가 단 한 명도 없었다. 그런데 비행기를 타면 기내에 남자 승무원은 나 혼자뿐이었다. 승무원들은 기내에서 서비스를 마치고 난 뒤 갤리(기내 주방)에 모여 이런저런 이야기를 나누는데, 그런 자리에 있으면 불편하기 이를 데 없었다. 결혼한 여 승무원들은 주로 남편 이야기나 시부모 이야기를 했고, 결혼하지 않은 여 승무원들은 남자 친구 이야기를 했다. 숫기 없는 내가 거기 끼어서 무슨 말을 할 수 있겠나. 그런 대화가 나오면 나는 일부러 객실에 나가 한 바퀴 돌거나 승객들과 이야기를 나눴다. 그리고 갤리에 다시 들어오면 분위기가 썰렁했다. 서먹서먹한 느낌이 전해 오는 것이다.

그저 과묵했을 뿐인데 나도 모르는 사이에 '건방진 남자'로 소문이 났다. 나중에 동료한테서 "왜 그렇게 여 승무원들하고 이야기를 하지 않느냐.", "좀 친근하게 대하라."는 소리를 들었다. 생각해 보니 그런 소리를 들을 만도 했다. 비행을 마치고 같이 밥을 먹는 자리에서도 여 승무원들이 돌아가면 뭘 할 거라는 둥, 비행할 때 무슨 일이 있었다는 둥 대화를 주고받을 때에도 난 묵묵히 밥만 먹던 남자였다. 여 승무원들 처지에서는 2년 만에 남자 승무원이 들어와 호기심도 생기고 같이 일하는 동료가 어떤 사람인지 알고 싶었을 텐데, 청일점인 내가 도무지 말이 없고 어울리지 않으니 자기들과 이야기하는 것을 피한다고 생각했던 모양이다.

그동안 난 남자들하고는 사이가 좋아서 내가 사교성이 부족한지 몰랐다. 비행 업무는 나와 잘 맞았지만 내 성격에 문제가 있나 싶어 6개월 만에 회사를 그만둘 뻔했다. 그때 모습을 돌아보면 내가 생각해도 답답하다. 지금은 후배 남자 승무원들이 들어오면, 동료 직원으로서 여 승무원들을 대하고, 항상 대화에 귀를 기울이면서 진실하게 이야기를 나누라고 조언한다.

난 예전에 기사도 정신 같은 걸 갖고 있던 남자였다. 예컨대 여자는 나약한 존재이고 남자가 챙겨 줘야 하는 사람이라고만 생각했던 것이다. 그런데 여자들과 지내면서 '여자는 강하다', 아니 '여자가 더 강할 수도 있다'는 것도 알게 되었다.

여자들과 함께 근무하는 상황, 그리고 외국 호텔에서 숙박하고 밤 늦은 시간에 동료 여 승무원들과 함께 나가서 식사도 해야 하는 상황. 일반인들이 본다면 엉뚱한 상상을 할 수도 있지 싶다. 그러나 실제로는 그런 상황에 노출되어 있는 승무원들이 더 보수적이다. 승무원의 직업

세계를 이해하지 못하면 부부 사이에도 문제가 생길 수 있다. 예를 들어 집에 있는 부인이 남편에게 전화를 했는데, 마침 회식 자리여서 여자들 목소리나 웃음소리가 수화기 너머로 들려오면 부인 처지에서는 갖가지 추측을 할 수도 있다. 그런 면에서 내 아내는 승무원 생활을 해서 승무원의 일상을 잘 알기 때문에 나를 많이 이해해 준다.

기내에서 늘 웃고 쾌활하게 이야기하면서 일을 하다가 집에 들어오면 조용히 쉬고 싶은 마음이 크다. 그러나 집에서 남편이 오기를, 아빠가 오기를 기다리던 식구들의 기대치는 다를 수밖에 없다. 다른 사람들에게 하듯이 식구들에게도 그렇게 대해 주면 좋겠다며 섭섭한 마음이 들 때도 있을 것이다. 나는 가까운 사람이 상대적으로 불만을 느낄 수 있다는 점을 염두에 두고 노력을 많이 하는 편이다.

신 유니폼 발표회의 모델이 되다!

10년 만에 바뀐 대한항공의 새 유니폼은 사람들의 이목을 끌기에 충분했다. 이탈리아 출신의 세계적인 디자이너 지안프랑코 페레(Gianfranco Ferre)가 디자인해서 더욱 화제를 모았다. 2005년 3월, 나는 '대한항공 신 유니폼 발표회'의 모델로 발탁되었다.

선발된 승무원들 가운데 내가 최고참이었다. 대한항공 승무원을 대표해서 무대에 선다는 설렘과 함께, 혹시 내가 이런 중요한 행사에서 부족함을 보여 동료 승무원들에게 폐가 되지 않을까 하는 우려가 생겼다. 지안프랑코 페레 본사에서 파견한 수석 디자이너들과 옷의 재질, 착용감, 맵시에 대해 의견을 나누고, 유니폼 시침질을 하고, 모델 양성

:: 대한항공 신 유니폼 발표회에 참가했을 때.

기관 직원에게서 워킹과 사진 촬영 포즈 등을 배우고 있노라니 내가
마치 패션모델의 세계에 들어와 있는 것 같았다.

발표회가 있기 전, 약 2주 동안 대한항공 본사 대강당에서 연습에
연습을 거듭했다. 3월 24일, 난 전문 헤어 디자이너에게 머리 손질을
맡기며 무대에 설 준비를 했다. 묘한 긴장감과 희열이 교차했다. 무대
가 마련된 호텔 행사장에서 아침 일찍부터 임직원이 모인 가운데 리허
설을 반복했는데, 호감을 보이는 듯해 잠시나마 마음이 놓였다. 발표회
가 시작되기 전, 유니폼 모델로 뽑힌 승무원들은 무대 뒤편에서 잘 할
수 있을 거라며 서로를 격려했다.

오전 9시, 항공기 이륙 소리와 함께 이륙 안내 방송이 나오면서 신
유니폼 발표회가 시작되었다. 첫 모델이 무대에 서자 박수 소리가 행사
장을 뒤덮었다. 드디어 내 차례! 나는 거의 쉴 틈 없이 기장 유니폼,

승무원 유니폼, 운송 직원 유니폼을 입고 무대에서 워킹을 했다. 연습할 때에는 여자 도우미들을 밖으로 내보내고 옷을 갈아입었는데 실제 상황에 부닥치니 그럴 겨를이 없었다. 도우미가 여자라는 사실도 의식하지 못했다. 나는 한 스테이지가 끝나면 무대 뒤로 돌아와 속옷 차림으로 부리나케 옷을 갈아입었다. 지금 생각해 보면 쑥스럽기도 하다.

이 행사의 여파는 대단했다. 며칠 뒤 비행기 안에서 중년 신사 한 분이 나를 알아보았다. 그 승객은 만나서 반갑다며 기내에서 구입한 향수를 내게 선뜻 선물로 주었다. 전 세계 대한항공 지점에서 행사를 다시 한 번 개최해 달라는 요청이 쇄도했다. 우리 유니폼 모델들은 LA 할리우드볼까지 날아가 앙코르 공연(?)을 했다. 그곳에서도 유명 연예인들의 인기에 버금가는 환대를 받았다. 경쾌한 음악과 강렬한 조명, 그리고 관객들의 열렬한 박수 소리. 가슴 벅찬 순간이었다.

유니폼 발표회 모델로 참여하고 난 뒤, 변해 가는 내 모습을 바라보는 아내의 표정엔 걱정과 수심이 가득했다. 그동안 나는 아내가 사 주는 대로 옷을 입고 다녔고, 외모 가꾸는 일에는 별로 관심을 기울이지 않던 남자였다. 그 행사 이후 내가 몸매와 옷차림에 신경을 많이 쓰게 된 것만은 사실이다.

다양한 경험을 하다

대한항공은 몇 년 전부터 사내 공모 형식으로 자격, 적성 등을 고려해 남자 승무원을 선발하고 있다. 개인적으로는 처음부터 계속 객실 승무원으로만 일하는 것보다 사무실에서 일반 업무 경험을 쌓은 다음에 비행기를 타는 것이 오히려 낫다고 생각한다. 회사의 상황이나 다른 부서의 지원 업무 내용을 알고서 승무원 생활을 하면, 승객들에 대한 서비스뿐만 아니라 비정상적인 상황에 대한 대처 방안을 찾는 데도 훨씬 도움이 된다.

난 객실 승무원으로 3년 동안 일하다가 객실 훈련원에서 4년간 강사로 활동했다. 지금은 객실 팀장 자격으로 국제선 비행 근무를 하고 있다. 스카이 팀(대한항공이 주도하는 항공 동맹체)이 결성되기 전에 나는 델타 항공사 직원들과 1년 남짓 컨설팅 기구에서 함께 일하며 안전 분야에 대해 많은 걸 익혔다. 회사에서 객실 훈련원 강사로 선발을 하더라도 본인이 원치 않으면 승무원 근무를 계속할 수 있지만, 나는 다양한 일을 해 보고 싶어 지상으로 내려와 강사 생활을 했다.

비행 중에 비상사태가 발생하는 경우, 승무원들이 승객을 통제해야 하므로 조금이라도 방심해선 안 된다. 훈련원 강사 시절, 나는 엄격하고 혹독하게 승무원들에게 안전 교육을 실시했다. 나한테서 교육을 받았던 승무원들은 무서운 안전 강사의 이미지가 뇌리에 박혀 있어서인지 몇 년 전만 하더라도 비행기에서 승무원으로 일하는 나를 만나면 거리를 두기도 했다.

승무원에게 비행기 안은 일터다. 10년 넘게 비행기를 타다 보니 승객의 복장이나 표정만 보아도 어떤 분인지 대략 가늠이 된다. 승객들이 비행기에 탑승할 때 한국인인지, 일본인인지, 중국인인지 구별해 해당 언어로 인사하며 맞이하는 노련함도 연륜이 쌓이면 가능하다.

홍콩으로 가는 비행기 안이었던 걸로 기억한다. 어린아이가 보채며 계속 울어대 아이 엄마가 어쩔 줄 몰라 했다. 나는 아이에게 줄 음식과 음료 몇 가지를 챙겨서 그 승객에게 다가가, 나 역시 딸아이를 데리고

:: LA 비행 후 모처럼 팀원들과 함께한 관광.

여행을 떠났다가 똑같은 경험을 해서 당황했던 이야기를 들려줬다. 그리고 항공기 뒤편 좀 널찍한 장소로 그 승객을 안내한 다음 아이를 잠시 그곳에 데리고 와 계시라고 권했다. 얼마 후 일을 하다가 가 보니 엄마와 아이가 그곳에서 곤히 자고 있는 게 아닌가.

　　홍콩에 도착한 뒤, 그 승객이 아이와 함께 비행기 문 밖에서 나를 기다리고 있었다. 무슨 문제가 있느냐고 물어보니 아니란다. 그 승객은 짧은 시간이었지만 행복했다며 내 손에 미화 200달러를 쥐어 주었다. 너무나 큰 액수이고, 회사 규정에도 승무원이 승객한테 그런 돈을 받는 것은 금지되어 있기에 성의를 마다했다. 그분은 고객이 감사의 표현을 하는데 물리치면 안 된다며 나를 나무라셨다. 주위 동료들은 웃으며 좋겠다고 했지만, 난 고민스러웠다.

　　'동료 승무원들과 맛있는 걸 사 먹을까?' 하는 생각도 스쳐 갔으나, 한국에 도착한 뒤 난 바로 승무원 회사 사무실을 찾아갔다. 내가 자초지종을 이야기했더니 담당자가 이곳저곳에 문의해 보고는 웃으면서 "약 올리지 말고 빨리 집에 가라."고 했다.

나는 그날 함께 비행하며 수고했던 동료 승무원들과 사무실 직원에게 초콜릿을 사서 돌렸다. 나중에 계산해 보니 승객에게서 받은 금액보다 지출액이 더 컸다. 하지만 비행기 안에서 힘들어하던 아이와 엄마에게 조금이나마 도움을 주었다고 생각하니 마음이 흐뭇했다.

대화를 통한 신뢰 관계 구축은 필수

현재 내 직책은 객실 팀장으로, 사무장급 이상 되어야 객실 팀장 자격이 있다. 팀장은 기내 서비스와 안전 보안을 책임지는 사람이다. 승객과 문제가 생겼을 때 최종적으로 해결하는 역할도 팀장이 한다.

여러 승무원들이 모여 비행 업무를 할 때에는 팀워크가 중요하다. 11~18명의 객실 승무원이 한 팀을 이루어 비행을 나가는데, 팀원을 이끄는 수장으로서 팀장은 승무원들과 대화를 많이 하고 신뢰를 쌓아야 한다. 업무의 효율을 높이기 위해서는 무조건 잘 하라고 지시하는 일방적인 통제 관리는 적합하지 않을뿐더러 팀의 사기를 끌어올리는 데도 바람직하지 않다.

객실 팀장은 비행기가 출발하기 2시간 전에 팀원들을 모아 놓고 브리핑을 주관한다. 브리핑 규정 시간인 30여 분 동안 당일 예약 승객의 분포와 비행기 기종, 도착 국가 출입국 규정, 특별히 관심을 가져야 하는 승객 등 다양한 정보를 승무원들에게 전달한다. 국적별 승객 수를 확인하고 유아를 동반한 승객, 혼자 여행하는 노약자, 병약자가 있는지를 점검한 다음 그런 승객들을 어떤 승무원이 어떻게 돌볼지도 정한다. 브리핑을 할 때는 비행기 기종에 따라 차이가 나는 탑승 인원이나 기

:: 객실 팀장 교육을 받을 당시.

내 체감 온도에 대해서도 언급한다. 그 밖에 기내 첨단 전자 장비가 고
장 났을 때의 대처 요령 숙지, 간단한 스트레칭 등 브리핑 시간에 하는
일은 무척이나 다양하다.

　정식 객실 팀장이 된 지 5년째인 나는 최근에 팀장 워크숍에 다녀
왔다. 워크숍은 선배 팀장들의 생생한 경험담을 듣고 새로운 트렌드를
배울 수 있는 시간이었다. 워크숍을 하며 나는 동료 승무원들이 바라는
이상적인 팀장의 조건에 대해서도 알 수 있었다. 우수한 동료들에 대한
나의 신뢰가 부족했음을 반성했고, 아울러 팀원을 마치 가족같이, 친구
같이 따뜻하게 감싸 안고 경영을 하는 사례를 보고 깊은 감명을 받았
다. 워크숍 마지막 날에는 호텔에서 최근의 서비스 동향을 체험하는 시
간을 가졌는데, 맛있는 음식을 앞에 두고도 이 음식이 뭔지, 서비스를
어떻게 하는지에 신경을 곤두세우느라 정작 음식 맛은 음미하지도 못
했다.

　비행기를 이용하는 승객들 가운데는 의외로 즐거움보다는 아픔을

안고 탑승하는 이들이 많다. 요즈음에는 유학이나 해외 거주 때문에 가족들과 헤어지고 비행기를 타는 사람들도 눈에 많이 띈다. 나는 팀원들에게 그런 승객들의 심정을 헤아리고 평소에 본인이 했던 서비스보다 한 단계 더 높여서 경쾌하고 발랄하게 승객들을 맞이해 달라고 부탁한다. 그리고 비행기 문을 닫는 순간 기내에 있는 모든 승객들이 한 식구와 같은 운명 공동체이므로 승객이 싫은 소리를 하더라도 포용하는 자세가 필요하다는 걸 강조한다.

내 딸의 장래 희망은 승무원!

친한 친구들이 종종 내게 이런 말을 한다.

"너 아직도 거기 다니냐?", "도대체 거기에 뭐가 있냐?"

나에게는 승무원의 업무 패턴이 잘 맞는다. 서비스하는 것도 좋고 생활도 만족스럽다. 아침저녁으로 출퇴근하는 직장인들은 회사 일을 집에까지 가져가기도 하지만, 승무원들은 정해진 비행 시간 동안 최선을 다해서 일하면 된다. 행여 근심, 걱정이 있어도 비행기 문을 닫고 나면 정신없이 일에 몰두하느라 어느새 잊어버린다. 그래서 그런지 승무원들 가운데는 낙천주의자가 많은 것 같다.

자기 시간을 많이 가질 수 있지만 까딱 잘못하면 혼자 외톨이 생활을 할 수도 있는 게 승무원이다. 다양한 인종과 세계 각국의 문화를 접할 수 있는 것이 장점인 반면, 굳이 찾으라고 하면 제사나 명절, 친인척의 경조사를 제때 챙기지 못하는 것은 단점에 속한다고 볼 수 있다.

대한항공은 여느 기업에서는 보기 힘들 정도로 사원 복지 제도가 잘 갖춰져 있다. 중고등학교와 대학교에 다니는 자녀의 학자금 지원, 해외 유학 자녀의 학자금 지원, 직원의 대학원 장학금 지원이 이루어지고 있다. 회사에서 교육비 지원이 많이 되기 때문인지 대한항공 승무원 자녀들은 의대, 미대, 음대로 진학하는 비율이 높다.

또한 승무원들은 비행기 티켓을 구입할 때 많은 할인 혜택을 받을 수 있다. 나는 적어도 1년에 한 번씩 가족들과 해외여행을 가기로 아내와 약속을 했다. 실제로 나는 지금까지 그 약속을 지키고 있다. 일반 직장인 같으면 시간이나 비용 문제로 엄두를 내기 힘들겠지만, 승무원이기에 누릴 수 있는 호사인 것 같다.

초등학생인 딸아이의 장래 희망이 '승무원'이다. 딸아이는 담임선생님에게 "아빠가 승무원인데, 일하러 다니는 모습이 행복하고 좋아 보여 자랑스럽다."고 했단다. 딸이 아버지의 직업을 자랑스럽게 여긴다니 부모로서 이보다 더 기쁘고 자부심을 느낄 만한 일이 있을까.

(구술 정리 : 임진숙)

작은 지구촌,
빨간 모자 쓰고 날다

| 박나윤 |

1984년생. 2006년 경희대학교 불어불문학과를 졸업했다. 대학 재학 시절 걸프 항공사와 에티하드 항공사에 합격한 적이 있으며, 2006년 10월 에미레이트 항공에 15기로 입사해 현재 세계의 하늘을 날고 있다. (www. cyworld.nate.com/needsomecandy)

나는 빨간 모자가 상징인 에미레이트 항공의 한국인 승무원이다. '아랍권 항공사이니 아랍어를 잘해야겠구나'라고 생각하는 사람이 분명 있을 거다. 내 친구들이나 지인들도 비슷한 질문을 했고, 지금도 종종 그런 질문을 받지만 실제로 그렇지는 않다. 아랍어로 일상적인 대화를 할 수 있으면 물론 좋지만 말 한마디 못 해도 전혀 문제없다. 세계 120여 개국 출신의 승무원이 함께 일하는 에미레이트 항공에선 영어가 공용어다. 이건 걸프 항공, 카타르 항공, 에티하드 항공 등 아랍권 항공사의 공통 사항이다. 에미레이트 항공은 아랍인 승무원과 기항지에 따라 해당 언어를 구사하는 승무원을 반드시 1명 이상 포함하는 형태로 15~20명 규모의 비행 팀을 짠다.

7000여 명의 승무원이 일하고 있는 에미레이트 항공은 1998년 제1

기 한국인 승무원 20명을 채용한 이래 매년 한국인 승무원 채용을 확대해 왔다. 현재 500여 명의 한국인 승무원이 일하고 있으니 전체 승무원의 8퍼센트 정도가 한국인이다. 국적별로 살펴보면 인도 국적 승무원이 가장 많고, 다음으로 호주, 영국, 이집트, 한국 순이다.

이렇듯 특정 국가 출신의 승무원이 많다는 건 회사에서 좋은 평가를 받고 있다는 뜻이기도 하다. 특정 국가 출신의 승무원에 대한 평가가 좋은 만큼 회사에서는 해당 국가 출신의 승무원을 더 많이 채용하려고 한다. 에미레이트 항공 내에서 한국인 승무원 비율이 늘어나고 있는 것도 이 때문인데, 실제로 한국은 에미레이트 항공에서 가장 선호하는 국적이다. 그 이유는 여러 가지다. 우선 한국인 승무원들은 대부분 3년의 계약 기간을 채워 일하며 재계약하는 비율도 높다. 사실 입사 전에는 그게 뭐 그리 큰 문제겠냐 했지만, 승무원 교육을 받으면서 승무원 1명을 교육시키는 데 대략 1억 원의 돈이 든다는 교육관의 얘기를 듣고 난 뒤에는 자연스럽게 이해가 됐다. 한 사람을 교육하는 데 그렇게 큰돈이 드니 회사 쪽에서는 당연히 승무원이 3년 계약 기간을 채워서 일하길 바라고 특별한 하자가 없는 한 재계약을 원하지만 다른 국적의 승무원 중에는 계약 기간을 채우지 않고 그만두는 경우도 많다. 그 이유는 아무래도 가족과 떨어져 이역만리 타국에서 혼자 지내는 외로움 때문인 듯싶다. 한국인 승무원은 업무 태도도 좋다. 수백 대 일의 경쟁률을 뚫고 뽑혀서 그런지 한국인 승무원들은 정말로 맡은 바 일을 성실히 한다. 그러니 회사가 좋아할 수밖에.

승무원 세계가 이처럼 다국적·다인종의 사람들이 함께 일하는 조직이다 보니 다양한 문화를 포용할 수 있는 관용적인 태도를 견지하는 것은 매우 중요하다. 승무원의 특성상 여러 나라의 별의별 승객들의 요

:: 기내에서 일하고 있는 모습.

구에 미소로 응대하는 건 기본이고, 다른 문화권의 승무원들과 함께 일하면서 별 마찰 없이 부드럽게 넘어가는 유연함이 필요하기 때문이다. 한국인 승무원들은 문화적 이해도 및 적응력 부문에서도 높은 평가를 받고 있다. 에미레이트 항공 홍보 담당자 매트 하워드(Matt Howard) 씨는 어느 인터뷰에서 "한국인 승무원들은 다른 문화를 잘 받아들입니다. 다른 아시아인들은 배타적이고 고집이 세서 외국의 문화를 잘 받아들이지 않는데 한국인 승무원들은 적응을 잘하는 것 같습니다."라고 말한 바 있다.

2005년 5월 1일, 에미레이트 항공에 하루에 한 번씩 두바이에서 새벽 2시 25분에 출발하여 오후 3시 55분에 인천 공항에 도착하는 두바이-인천 노선이 생겼다. 이 노선은 에미레이트 항공의 한국인 승무원들에게 최고로 인기 있는 코스가 되었다. 잠시이긴 하지만 한국에 체류하면서 한국 음식을 마음껏 먹을 수 있고, 시간이 맞으면 가족들도 만날 수 있는 비행이기 때문이다.

한국인 승무원 최초의 사무장인 조수연 선배(1기)는 두바이-인천 노선이 취항되기 전에는 동료 승무원들에게 "한국은 어디 있니?"라는 초보적인 질문을 많이 받았다고 한다. 그런데 한국 노선이 생긴 후에는 "chicken을 한국말로 뭐라고 하니?", "서울에 도착하면 가 볼 만한 곳이 어디니?"와 같은 구체적인 질문을 많이 해서 승무원들 사이에서 한국에 대한 관심이 높아졌음을 실감했다고 한다.

이름을 외우면 일하기가 편하다!

일정 기간 동안 고정 멤버가 팀을 이뤄 비행하는 국내 항공사와는 달리 에미레이트 항공은 비행을 할 때마다 멤버가 바뀐다. 그래서 비행을 하기 전에 미리 회사 사이트에 접속해 이번 비행을 함께할 동료 승무원의 얼굴을 확인하면서 어떤 사람과 일하게 될까 궁금해하기도 한다. 비행 전에 하는 비행 회의에서는 처음 만나는 사람들이 대부분이어서 각자 자기소개를 하며 서로의 이름을 익힌다. 그 사람의 국적이 어디인지, 어떤 언어를 구사하는지도 이때 알게 된다. 서로의 이름을 아는 것이 중요하므로 이름 외우기 게임을 할 때도 있다. 그런데 비행 회의가 이렇게 가벼운 내용으로만 채워지는 건 아니다. 요즘은 '1 대 1 질문' 형식으로 사무장 혹은 부사무장이 승무원 한 사람 한 사람에게 안전 수칙 및 응급처치 등에 대한 질문을 하는데, 여러 번 질문을 해도 제대로 된 대답을 못 할 경우 해당 승무원의 비행이 취소될 수도 있다. 물론 실제로 비행이 취소될 정도로 대답을 못 하는 일은 드물지만 그만큼 회사에서는 승무원들에게 비행 안전과 응급처치 등에 대한 상식을 숙지하도록 당부한다. 그래서인지 요즘은 공항으로 가는 버스 안에서 공부하는 승무원들의 모습을 심심찮게 볼 수 있다.

이름을 빨리 외울수록 일하기도 편하다. 하지만 최소 10명 이상의 승무원, 그것도 세계 여러 나라 사람들의 이름을 일하면서 외우는 게 그리 쉽지만은 않다. 한국에서처럼 '언니', '오빠'나 '선배'라고도 부를 수 없으니 신경이 좀 쓰이는 게 아니다. 아차하여 이름이라도 깜빡할 땐 참 난감하다. 이럴 땐 'hey' 'darling' 'honey' 'sweety"라는 좀 낯간지러운 달콤한 호칭으로 불러 위기를 모면하더라도 자신의 이름을 불러 주는 것만큼 좋은 건 없다.

하지만 동료의 이름도 자연스럽게 부르고 정이 들 즈음이면 비행이 끝난다. 승무원 수가 워낙 많으니 언제 다시 함께 일할지 기약할 수도 없으니 더욱 아쉽다. 승무원들은 다들 이역만리 타국에서 혼자 살아 정이 그리워서 그런지 짧은 시간에도 금세 친구가 된다. 그래서 두바이에 도착하면 서로 연락처를 주고받으며 아쉬움 가득한 채 헤어지고, 간혹 마음에 맞는 승무원끼리는 비행 스케줄을 조정하거나 신청을 해 다시 함께 비행하기도 한다.

기장부터 신입 승무원까지 평등해!

공항 관제탑에서 보내 주는 착륙 허가 신호를 기다리며 비행기가 30분 이상 두바이 하늘에 떠 있을 때의 일이다. (공항 활주로가 꽉 찼거나 착륙을 기다리는 비행기가 많으면 가끔 이런 일이 생기기도 한다.) 비행 막바지라 피곤이 몰려와 한없이 지루한 그 시간에 "딩~ 동~ 딩!" 하는 소리가 들렸다. 조종실에서 온 전화였다.

:: 에미레이트 항공의 조직 문화는 개방적이고 평등하다. 에미레이트 항공 직원이라면 기장에서부터 신입 승무원까지 모두가 동등하다. 동료 승무원들과 함께.

"비행기 왼편을 봐!" 하는 기장의 목소리가 들렸다.

뭔가 싶어 왼쪽 창문을 보니 노랗고 둥근 커다란 보름달이 눈에 들어왔다. 창문에 가득한 보름달도 아름다웠지만 비행 중에 지친 몸과 마음을 달래 주는 기장의 배려도 참 고마웠다.

객실 서비스가 끝나고 승객들 대부분이 잠든 시간이면 조용한 조종실에 가서 수백 개의 별을 보며 쉬기도 한다. 또 조종실로 디저트를 챙겨 가서 기장, 부기장과 수다를 떨기도 한다. 런던 비행 중이었던 2006년 크리스마스에는 기장이 조종실 불을 다 끄고 캐럴에 맞춰 수백 개의 버튼에 불이 들어오게 하는 깜짝 이벤트를 보여 주기도 했다. 승무원은 크리스마스 때 친구들과 지낼 수 없는 직업이지만 이렇게 기장부터 신입 승무원까지 서로를 의지해 마음을 위로하며 비행을 하기도 한다.

이코노미 클래스의 식사 서비스를 끝내고 지쳐 있을 때쯤 퍼스트 클래스에서 일하는 사무장에게서 전화가 오는 경우도 있다. 이럴 땐 이코노미 클래스 서비스를 담당하는 승무원이 삼삼오오 짝을 지어 교대로 놀러 가면 퍼스트 클래스 디저트를 한 상 차려 준다. 그 시간만큼은 편하게 앉아 사무장을 비롯한 퍼스트 클래스 팀 동료들과 잠깐 달콤한 휴식을 취한다.

이처럼 에미레이트 항공의 조직 문화는 개방적이고 평등하다. 에미레이트 항공 직원이라면 기장에서부터 신입 승무원까지 모두가 동등하다. 엄격한 선후배 관계는 찾아보기 어렵고, 신입 승무원이라도 사무장에게 자신의 고충을 스스럼없이 말할 수 있는 문화다.

지위 고하를 막론하고 서로의 이름을 부르며 친구가 되는데, 나중에야 나이를 알고 놀라는 경우도 생긴다. 입사 초기 이집트 비행 때, 이집트 출신 승무원 카디자(Khadija)와 부사무장 수하나(Suhana)의 대화다.

카디자 일한 지 얼마나 됐어?

수하나 4년.

카디자 몇 살이야?

수하나 스물아홉.

카디자 너 대단하다! 나이도 젊은데 벌써 부사무장이구나. 난 34살이야. 부사무장이 되려면 어떻게 해야 해? 내게 조언 좀 해 줘.

수하나 그건….

옆에서 그들의 대화를 듣고 있던 나는 좀 놀랐다. 처음에는 나이와 지위를 의식하지 않는 그들의 문화가 상당히 생소했지만, 어느덧 그들의 대화에 자연스럽게 섞여 들어갔고 곧 그 문화에 익숙해졌다. 그렇다. 나이가 많든 적든, 직위가 높든 낮든 에미레이트 항공에서 일하는 이상 모두 동등하다. 서로 존중하며 서로의 문화를 이해하며 일할 수 있는 분위기는 에미레이트 항공의 매력이기도 하다.

그래서 그런지 비행 후 현지 호텔에 묵을 때 함께 비행했던 기장, 부기장, 승무원이 모두 모여 함께 노는 경우도 많다. 현지의 유명한 음식점을 찾아가기도 하고, 호텔 식당에서 식사를 하며 이야기를 나누기도 한다. 때로 바(bar)나 클럽에서 와인이나 맥주를 마시며 춤도 추고 고민도 털어놓는다. (보통 각자 계산하지만 가끔 기장님이 한턱 내기도 한다.) 이렇게 식사를 함께 하거나 술을 한 잔씩 하면서 이야기를 하다 보면 모두가 오랫동안 알고 지낸 사이처럼 친해진다. 그래서 돌아오는 비행은 출발할 때보다 훨씬 화기애애하고 즐거운 분위기다.

비행기 안에서 절을?

에미레이트 항공은 전 세계로 취항한다. 승무원인 나 역시 전 세계를 비행한다. 개인적으로는 유럽이나 호주, 일본이나 한국 비행이 편하고 좋지만 무슬림 승객이나 평소 잘 접하지 못한 국적의 승객들이 많이 탄 비행은 그것대로 재미있는 일들이 많다.

아랍권 항공사라 아무래도 아랍권 승객들이 많이 탑승하는데 비행 중에는 까만 아바야(abaya, 아랍 여성이 입는 전통 의상)나 말끔하게 다린 하얀 디시다샤(dishdasha, 아랍 남성이 입는 전통 의상)를 입은 현지인 승객을 자주 본다. 아바야를 곱게 입은 여성 승객이 비행기에 오르면 자리에 앉을 때까지 눈을 뗄 수 없다. 아바야를 입은 여성은 가족이 아닌 남성 옆에 앉을 수 없기 때문이다. 가끔 좌석 배치가 잘못되

:: 말끔하게 다린 하얀 디시다샤를 입은 현지인 승객(왼쪽)과 꼬마 승객(오른쪽).

어 아바야를 입은 여성 옆에 남자 승객이 배정되었다면 좌석 번호와 상관없이 여성 승객을 다른 좌석으로 옮겨 주어야 한다.

처음엔 아바야나 디시다샤를 입은 아랍 승객의 모습이 조금 우스웠다. 하얀 치마를 입은 남성의 모습도, 까만 치마에 까만 스카프를 머리에 두른 여성의 모습도 익숙지 않았기 때문이다. 그러나 시간이 지날수록 아바야나 디시다샤를 입은 사람들이 부러워졌고 존경스럽기까지 했다. 우리나라 사람들은 명절을 제외하곤 한복을 잘 입지 않을뿐더러, 신혼여행이 아니고서야 한복을 입고 비행기를 타는 경우는 거의 없다. 그러나 중동 사람들은 전통 의상을 자랑스럽게 여겨 평소에도 입고 다니며 자연스럽게 계승한다.

이슬람교를 믿는 대부분의 아랍 승객들은 비행기 안에서도 종교 의식을 멈추지 않는다. 이슬람교도들은 메카를 향해 하루에 다섯 번 절을 하는데 그건 비행기에 탑승해서도 마찬가지다. 그래서 비행기 내의 화면을 통해 틈틈이 메카 방향을 알려 주기도 한다.

이러한 사실을 몰랐던 첫 비행 때, 나는 문 앞에 깔린 담요를 위험하다고 치우기도 했고, 절하는 사람 앞을 그냥 휙휙 지나가기도 했다. 기내식 서비스 시작 전, 수많은 음식 카트들이 지나가야 하는 그 통로에서 메카를 향해 엄숙히 절을 하고 있으니 승무원인 내 입장에선 정말 난처하지만 어쩔 수 없다. 그들의 종교 의식이 끝날 때까지 기다리거나 다른 쪽으로 조심조심 지나가거나 할 수밖에.

사우디아라비아 제다(Jeddah) 노선 승객의 대부분은 메카를 방문하는 성지 순례자들이다. 이들의 차림새는 하얀 긴 천을 몸에 칭칭 감거나 하얀 바지에 배와 팔을 드러낸 채 하얀색의 큰 타월을 상체에 한 번 두르는 식이다. 짐도 별로 없고. (그들이 들고 온 비닐봉지 속엔 뭐가 들어 있는지 항상 궁금하다.) 제다 노선 승객은 까다롭다기보다는 당황스러운 쪽에 속한다. 식사 전에 화장실 앞에 줄을 서서 차례로 들어가고, 식사를 마치고도 차례로 줄을 서곤 한다. 그들이 지나간 후 화장실 바닥은 으레 물바다가 되어 있는데, 아마도 손과 발을 청결히 하려고 조그마한 세면대에서 기이한 자세로 간단한 샤워를 한 듯싶다. 이럴 땐 정말 대걸레 없는 비행기가 원망스럽다.

No가 Yes라고?

인도 남동쪽에 위치한 도시인 트리반드룸(Trivandrum) 비행 때는 전혀 다른 보디랭귀지 때문에 한참 웃은 적이 있다.

인도 승객 몇 분이 주먹 쥔 손에 엄지와 새끼손가락만 편 채 엄지를 입술 쪽에 대고 주먹을 살짝 흔들어 보이기에 나는 '어디가 살짝 모자란 사람들인가 보다'라고 생각하며 조금은 안타깝게 바라보았다.

기내식 서비스가 시작되고 "Would you like chicken or vege-tarian?" 하고 물었더니 대부분의 승객들이 대답 대신 고개를 갸우뚱하게 해서 양쪽으로 흔드는 게 아닌가. 다시 "Chicken?" 하며 물었더니 또 고개만 흔든다. 치킨이 싫은가 보다 싶어 채식주의자 음식을 드렸다. 그래도 인도 승객 대부분이 고개를 갸우뚱하게 양쪽으로 흔들며 싫다고 했다. 오뚝이처럼 머리만 흔들고 있는 모습이 정말 이해가 되지 않아 인도 출신 부사무장에게 투덜댔더니 그는 이렇게 말했다.

"너에겐 고개를 갸우뚱하게 해서 양쪽으로 흔드는 게 싫다는 뜻이지만 인도 사람들에겐 예스라는 뜻이야."

그제야 이해가 됐다.

기내식 서비스를 끝내고 쉬고 있자니 인도 승객 한 분이 새끼손가락을 보이며 나에게 다가오는 것이다. 나는 무슨 뜻인지 몰라 어리둥절해 하는데 부사무장이 화장실을 안내하는 게 아닌가. "새끼손가락을 보이는 건 화장실을 찾는 거야!"라는 말을 덧붙이며. 나는 내친김에 아까 본 장면을 물었다.

"그럼 엄지와 새끼손가락을 보이며 흔드는 건 무슨 뜻이야?"

"물을 달라는 거지."

치킨 대신 채식용 식사를 한 인도 승객과 물을 달라고 했는데도 물을 못 마신 승객들에겐 정말 죄송했지만, 한편으론 그들의 독특한 보디랭귀지가 너무나 재미있기만 했다. (서비스가 끝나고 가끔 갤리에서 쉴 때 우리끼리 인도 승객들의 보디랭귀지를 흉내 내곤 하는데 코미디가 따로 없다.)

모스크바 첫 비행도 기억에 많이 남는다. 기류 때문에 비행기가 심하게 흔들렸고, 그날따라 승객들도 한마디로 통제 불능이었다. 바 카트

(Bar cart)의 보드카는 이미 동이 났고, 승객들은 몰래몰래 1리터짜리 보드카를 마셨으며, 화장실에선 담배 냄새가 진동했다. 부사무장은 화장실을 제대로 체크하지 않는다고 눈치를 주고…. 너무 힘들어 착륙할 때에는 눈을 뜨는 것조차 어려웠다.

그런데 모스크바에 도착하자 난데없이 박수 소리가 들렸다. 승객들은 하나같이 밝은 얼굴로 고맙다며 악수를 청하고 승무원들에게 기분 좋은 인사를 보냈다. 나는 거짓말처럼 눈이 크게 떠지고 좋아서 입이 귀에 걸렸다. 다른 승무원들 역시 밝은 표정이 되었고, 사무장은 우리 모두에게 "Special Thank you"를 날렸다.

이처럼 잠도 못 자고 힘들게 일해도 기분 좋게 왔다는 승객들의 인사 한마디면 승무원들은 피로가 풀린다.

언젠가 레바논 출신 사미르 사무장이 내게 이런 말을 했다.

"비행이 힘들 땐 하던 일을 멈추고 비행기 날개 끝 너머로 잠시 하늘을 봐."

그 후 나는 비행 틈틈이 날개 쪽으로 가 승객들 틈에서 하늘을 본다. 그러면 승객들의 고맙단 인사 한마디처럼 다시 힘이 솟는다.

환상의 도시 두바이에서 살아간다는 건

많은 사람들이 에미레이트 항공 승무원의 트레이드 마크인 '빨간 모자'에 대한 환상을 가진 채 승무원으로 입사한다. 중동에서 가장 화려하고 휴양지 및 관광지로 각광 받고 있는 환상과 미래의 도시 두바이에서 생활한다는 기대 또한 큰 것이 사실이다. 나 또한 에미레이트

:: 일을 마친 후 비행기 앞에서.

항공의 빨간 모자와 두바이에 대한 환상이 있었고, 국내 항공사가 아닌 에미레이트 항공을 선택하는 데 이 환상의 힘이 컸다.

그러나 두바이에서 생활하면서 느끼는 건 환상은 깨지라고 있다는 것이다. 환상과 미래의 도시라고 불리는 두바이는 완성된 도시가 아니라 아직도 건설이 진행 중인 젊은 도시로 눈 닿는 곳마다 건설 현장, 공사 현장이 대부분이다.

모든 것이 익숙한 내 나라를 떠나 두바이에서 혼자 사는 것도 정말 쉽지 않은 일이다. 승무원들 중에는 출신 국가를 막론하고 향수병에 시달리다 갑자기 일을 그만두고 귀국하는 사람이 의외로 많다. 그러니 에미레이트 항공을 비롯한 아랍권 항공사 승무원으로 일하고 싶은 사람이라면 승무원으로 일하는 것과 더불어 두바이에서 혼자 생활하는 걸 견딜 수 있는지를 고려해야 한다. (물론 결혼을 해서 두바이에서 생활하며 일하는 승무원들도 있다.)

어릴 적부터 아버지는 출장 때마다 신기한 선물을 사 오시거나 나를 비행기에 태워 여러 나라 문화를 접하게 해 주셨다. 그 모든 것들이 지금 여러 문화를 호기심과 재미로 받아들일 수 있게 한 밑거름인 것 같다. 어머니는 아직도 아버지를 따라 여러 나라에서 생활을 하시는데, 요즘은 내가 비행 가는 곳을 따라다니는 즐거움에 사신다.

비행을 시작하고 한 달 동안, 아니 지금까지 내가 받은 대부분의 질문은 "Do you enjoy flying?"(비행 재밌니?) 아니면 "Do you like flying?"(비행하는 게 좋니?)이다. 나보다 먼저 비행을 시작한 승무원들은 물론이고, 부사무장, 사무장, 심지어 기장까지 곧잘 이런 질문을 던진다. 그때마다 내 대답은 똑같다.

"very much!"(너무나도!)

나는 빨간 모자를 쓰고 동그란 지구를 나는 게 즐겁고 달콤하다. 신입 승무원 티를 벗은 지금도 비행기에 오르면 기분 좋은 전율이 흐르면서 얼굴엔 저절로 미소가 떠오른다. 즐겁고 행복하고 재미있는 일을 하고 있는 나는 행운아다!

에미레이트 항공은 승무원에게 고급 아파트를 무상으로 제공한다. 60~100평 규모의 아파트에서 2~3명의 승무원이 함께 생활하는데, 침실과 화장실은 각자 별도의 공간이 있으며, 주방과 거실은 공용 공간으로 사용한다. 전기세, 수도세 등 각종 공과금은 전혀 내지 않는다. 가구는 물론이고 수건, 그릇, 수저 등 다양한 생필품은 무료로 제공되며 전화비도 일부 지원 받는다. 승무원 숙소 건물에는 야외 수영장, 피트니스 센터, 스파, 사우나 등의 고급 부대시설이 갖추어져 있다. 출퇴근 시 공항을 왕복하는 셔틀 버스도 무료이고, 승무원 유니폼 드라이클리닝도 무료다. 이 외에 두바이에 있는 작은 식당부터 고급 호텔 레스토랑, 놀이공원은 물론 커피숍까지 10~15퍼센트 정도의 승무원 할인을 받을 수 있다.

승무원의 보수는 기본급과 비행 수당, 체류비 등으로 나눌 수 있다. 기본급은 대략 100만 원 이상이고, 비행을 할 때마다 비행 수당과 체류비, 기본 전화비, 환전급 등을 기본급과 함께 받는다. 비즈니스 클래스, 퍼스트 클래스 등 클래스가 올라갈수록 비행 수당도 올라가는데, 한 달에 최대 120시간까지 비행할 수 있다. 체류비는 나라에 따라 액수가 다르다. 두바이-인천 노선을 기준으로 서울 르네상스 호텔에서 1박 체류한다고 할 때 17만 원이 지급된다. 체류비가 월급과 함께 지급되는 항공사도 있지만, 에미레이트 항공의 경우 호텔에 체크인할 때 룸 키와 함께 체류비를 받으므로 꼭 용돈 받는 기분이다.

비행 후 묵는 숙소는 대부분 별 4개에서 5개의 호텔로 1인 1실이다. 외국 항공사라서 여러 문화의 다양한 구성원들이 함께 어우러져 일하니 편히 쉬라는 배려인지는 몰라도 다른 승무원들과 방을 같이 쓰지 않아도 된다. 이것 역시 매력적이다.

에미레이트 항공의 승무원 직급 체계는 승무원(이코노미 클래스, 비즈니스 클래스, 퍼스트 클래스)-부사무장-사무장 순이다. 처음 입사해 1년 2개월 정도 일하면 비즈니스 클래스 승무원으로 승진하고, 비즈니스 클래스에서 6개월 정도 일하면 퍼스트 클래스에서 일할 수 있다. 퍼스트 클래스 비행 경력 3개월 후부터는 부사무장으로 진급할 기회가 주어지고, 부사무장으로 3개월 정도 일하면 사무장으로 승진할 기회가 주어진다. 에미레이트 항공의 승무원 승진은 상당히 빠른 편이다. 승무원으로 입사해 대략 3년 정도 일하면 사무장 승진 기회가 주어지니 말이다. 그리고 매니저부터 교육관까지 여러 기관에서 일할 수 있는 기회는 항상 열려 있다.

9전 10기,
불굴의 의지로 얻은 천직

| 김정은 |

1977년생. 1999년 한양대학교 사회학과를 졸업하고 보석 회사에서 영업 관리 직원, 광고 대행사와 외국계 컨설팅 회사에서 비서로 일했다. 2003년 카타르 항공 1기 한국인 승무원으로 선발되어 승무원 세계에 발을 디뎠으며, 2005년 네덜란드 항공사인 KLM 로열 더치 에어라인으로 옮겨 한국–암스테르담 노선을 비행하고 있다.

나는 말발굽 펜던트 목걸이를 항상 분신처럼 걸고 다닌다. 말발굽은 역마살을 나타내는 나의 트레이드 마크. 하루 종일 집에 있으면 머리가 아프고 구토가 날 것 같은 사람이 바로 나다. 대학생 시절부터 나는 국내외 여행을 숱하게 다녔고, 역술인을 만나면 "역마살을 깔고 앉았다."는 점괘가 나왔다.

나는 승무원이 되고 싶었다. 그런데 승무원이 되는 게 쉽지가 않았다. 칠전팔기의 성공 신화라는 말이 있다. 실패를 거듭해도 포기하지 않고 불굴의 의지로 노력해서 뜻을 이루어 냈을 때 흔히 쓰는 표현. 하지만 나의 항공사 승무원 취업 도전기를 숫자로 환산하면 그 이상이다. 9전 10기! 나는 9번 넘어져도 오뚝이처럼 일어나서 10번째 마침내 꿈을 이루었다.

승무원이 되는 길은 출발부터가 순탄치 않았다. 대학교 4학년 때 IMF 사태가 터져 국내 항공사로 들어가는 문이 닫혔다. 나는 어쩔 수 없이 졸업 후 G사에 취직을 했다. 영업 관리직으로 입사를 했건만, 신입 사원인 내게는 사무실을 지키는 일만 주어졌다. 내근이 적성에 맞지 않던 난 6개월 만에 그만두고 광고 대행사와 외국계 컨설팅 회사에서 비서로 일했다.

비서학을 전공하지도 않았는데 비서직을 택한 것은 순전히 스튜어디스가 된 사람들 가운데 비서 출신이 많다는 이유 때문이었다. 그러니까 승무원이 되기 위한 디딤돌로 비서직을 선택한 것이다. 졸업까지 한마당에 부모님께 손을 벌릴 수는 없어서 일을 하긴 했지만, 마음 한쪽에는 늘 승무원이 되고 싶은 욕구가 있었다. 그 때문에 직장을 다니면서도 내가 평생 몸담을 곳이라는 생각이 들지 않았다.

소문에 '팔랑귀'가 되어

이상하게도 사무직에 지원하면 곧잘 합격하는데, 항공사 시험만 보면 최종 면접에서 번번이 고배를 마셨다. 나는 대한항공 시험에서 4번, 아시아나 항공 역시 4번을 떨어졌다.

승무원 공채 시험이 끝나면 지망생들 사이에서는 밑도 끝도 없는 루머가 나돌았다.

"이번 기수에는 키 크고, 날씬하고, 미스코리아 같은 애들만 뽑혔대."

그런가 싶어 혹하면, 다음 공채 때에는 "이번엔 장기 자랑을 끝내

주게 한 애들이 붙었대! 아시아나는 얌전한 애들 싫어한다더라." 하는 식으로 뒷얘기가 나돌았다. 그때마다 내 귀는 소문에 팔랑팔랑 흔들리는 '팔랑귀'가 되곤 했다.

아시아나 항공 최종 면접을 볼 때는 임원 한 분이 나를 알아보았다. "지난번에도 뵈었던 거 같은데 또 오셨군요."

일단 임원이 나를 알아보았다면 희망적인 신호다. 장기가 있으면 해 보라는 면접관의 말에 기회는 이때다 싶어 "제가 하겠습니다." 하고 자청을 했다. '아시아나는 얌전한 사람 싫어한다고 했지?' 나는 단정한 스커트를 입고 몸을 흔들면서 신나는 댄스곡을 불렀다. 대학 노래패에서 활동했던 터라 노래는 웬만큼 자신이 있었는데, 떨리니까 목소리가 갈라졌다. 분위기는 썰렁해지고 나의 야심찬 시도는 역효과만 났다. 결과는 낙방. 차라리 조신하게 있을걸….

승무원 지망생들이 가입한 인터넷 커뮤니티에는 합격생의 후기를 비롯해 여러 가지 정보가 올라온다. 이를테면 대한항공은 서구적인 얼굴에 단아한 몸매를 지닌 미인을 선호하고, 아시아나는 동양적인 외모에 키 크고 건강미 넘치는 사람을 선호한다는 둥, 립스틱은 샤넬 몇 번 색깔이 예쁘고, 머리는 보브 스타일이 괜찮다는 둥 저마다 경험담과 자료를 쏟아 낸다.

실제 합격생들을 보면 맞지도 않는, 근거가 부족한 이야기인데도 지망생 입장에서는 이 항공사는 어떻다더라, 립스틱은 어떤 색이 좋다더라 하면 솔깃해지게 마련이다. 사람마다 생김새가 다르고 피부 톤이 다르고 어울리는 스타일과 색깔이 다른데도, 나는 소문 따라 이 장단에 맞췄다 저 장단에 맞췄다 널을 뛰고 있었다. 어리석게도 그때는 그렇게 해야 합격하는 줄 알았다. 승무원이 되고 싶은 열망이 클수록 눈은 좁아지고 귀는 얇아졌다. 있는 그대로 자신의 모습을 솔직하게 드러내는 것이 가장 좋은 방법이건만, 나는 내 개성을 고려하지 않고 좌충우돌 시행착오를 계속했다.

IMF, 9.11 테러, 사스 파동을 넘어

그렇다고 내가 설렁설렁 별 준비도 없이 승무원이 되려고 했던 건 아니다. 나도 나름대로 최선을 다했다. 대한항공 면접을 볼 때에는 매번 10만 원씩 들여 가며 전문가에게 메이크업과 머리 손질을 받았다.

"넌 집착하는 거야."

계속 시험에 떨어져도 미련을 버리지 못하는 내게 엄마가 보다 못해 충고를 했다. 나라고 해서 왜 갈등이 없었겠는가. '이 길은 내 길이 아닌 거야'란 생각에 착잡했고 갈등도 많았다.

어느새 국내 항공사 지원 가능 연령도 넘기고 바라볼 곳은 언제 공고가 날지 알 수 없는 외국 항공사뿐. 나는 동남아시아로 여행을 떠났다. 여행을 마치고 한국에 돌아가면 일반 기업체에 입사해 정착하자고 다짐하고 나선 길이었다. 그런데 모든 걸 훌훌 털어 버리려고 떠나온 내게 외국인들은 "한국 승무원이니?", "너, 에어 호스티스야?"라는 질문을 던졌다. 잊기 위해서 왔는데 왜 날 가만 놔두지 않느냐고!

귀국 후 마음을 다잡고 입사한 컨설팅 회사에서도 비슷한 상황이 벌어졌다. 하루는 저만치에서 인사 부장님이 내게 다가오더니 "어, 김정은 씨였나? 난 스튜어디스가 걸어오는 줄 알았네."라고 하시는 게 아닌가. 내가 원래 깔끔하게 올림머리 모양을 좋아하고 치마를 즐겨 입어서 그런지 잊을 만하면 한 번씩 주변 사람들에게서 "승무원 하면 잘할 것 같다. 그런 생각 안 해 봤어?"라는 얘기를 들었다.

이러니 승무원의 꿈을 떨쳐 내려야 떨쳐 내기가 어려웠다. 게다가 캐세이 퍼시픽 항공(Cathay Pacific Airways)과 대한항공에 입사한 친구들이 나를 자극했다. 내 안에서는 여전히 미련이 남아 있었던 것이다. 정말로 하고 싶은데 한 번도 해 보지 못한 것에 대한 미련 같은 것.

내 복잡한 심정을 들은 한 친구가 학원에 다녀 보라고 권유했다. 부모님께는 저녁에 영어 학원에 다닌다고 둘러대고는 승무원 양성 학원에 등록을 했다. 수강 신청한 며칠 뒤 9.11 테러 사건이 발생했다. 여행 수요가 급격히 줄어 항공사들이 감원을 하는 상황에서 승무원이 되겠다고 나섰으니…. 나는 3개월 과정을 마친 뒤 감을 잃지 않으려 꾸준히 주말 특강을 들었다. 그렇게 독하게 마음먹고 결석 한 번 하지 않은 채 1년 가까이 학원을 다녔다.

기나긴 정적을 깨고 첫 채용 일정을 발표한 곳이 말레이시아 항공. 나는 최종 면접까지 마치고 합격 통보를 기다렸다. 하지만 이번엔 사스가 내 발목을 잡았다. 동남아시아에 사스가 덮치자 말레이시아 항공 본사에서는 원래 선발하려던 인원을 대폭 축소하고 30명을 '대기자 명단'에 묶어 두었는데, 내 이름이 거기 들어 있었다.

시험 도전 5년 만의 합격 통보

말레이시아 항공에서 좋은 소식이 오기만 기다리고 있는데, 카타르 항공에서 1기 한국인 승무원을 뽑는다는 공고가 났다. 선배도 없고, 항공사에 대한 정보도 없어 썩 내키지는 않았지만 지원해서 시험을 치렀다. 어버이날, 식구들과 외식을 하는데 휴대전화 벨이 울렸다. 카타르 항공에서 전해 온 낭보.

"김정은 씨, 합격했습니다."

승무원 준비를 하는 동안 지치고 힘들 때마다 "합격과 불합격의 차이는 종이 한 장 차이"라는 학원 선생님의 말을 떠올리며 합격의 순간을 상상해 보곤 했다. 그때는 합격이라는 생각만으로도 가슴이 뭉클하고 눈물이 핑 돌았다. 정말로 합격의 순간이 오면 와락 눈물이 쏟아지고 기뻐서 엉엉 울 것만 같았다. 승무원 시험에 도전한 지 5년 만에, 그렇게 고대하던 소식을 들었건만 무덤덤하고 아무 느낌이 없었다. 지인들에게서 축하 메시지가 날아오면서 조금씩 실감이 났을 뿐.

2003년 6월, 60킬로그램의 이민 가방을 차에 싣고 집을 나섰다. 지하 주차장에서 가족과 작별 인사를 하고 떠나는데 자동차 백미러에 엄마가 하염없이 눈물을 흘리는 모습이 비쳤다. 내가 옳은 선택을 한 건지, 엄마를 울리면서까지 가야 하는 건지 마음이 너무 아팠다. 엄마는 "왜 대학까지 나와서 밥 나르는 일을 하려는 거냐. 다른 일도 할 게 얼마나 많은데."라며 반대하셨다. 중동 땅에서 살아갈 딸의 안전도 걱정스러웠을 게다. 쿠웨이트 전도 있었고, 중동 국가하면 왠지 미개한 나라처럼 여기던 때이기도 했으니까. 운전을 하는 언니 옆에서 눈물을 줄줄 흘리며 공항으로 향했다.

그러나 막상 인천 공항에 도착해 함께 출국할 16명의 동기를 보니 언제 그랬냐는 듯 신이 났다. 오늘까지는 승객 입장으로 비행기를 타지만 앞으로는 승무원 자격으로 비행기를 타게 될 거라는 흥분과 함께, 앞으로 펼쳐질 미지의 세계가 궁금했다. 하필이면 나를 대기자 명단에

:: 함께 일하는 동료들과 함께. KLM 승무원의 유니폼은 파란색이어서 승무원들끼리 '스머프'라고 부른다.

올려 두었던 말레이시아 항공 비행기 편으로 콸라룸푸르에 가서, 카타르 항공의 비행기로 갈아타고 도하까지 가는 노선이었다.

카타르의 수도 도하의 날씨는 상상한 것보다 훨씬 덥고 습했다. 공항에 내리자마자 찜질방에 들어간 듯 숨이 턱 막혔다. '이런 날씨 속에서 살아야 하나….' 우리 일행은 잠시 할 말을 잃었다.

카타르 항공이 한국에 취항한 초창기에는 승무원 유니폼 때문에 사람들의 주목을 받았다. 한국의 면세점 직원이나 공항 관계자들은 유니폼을 입은 카타르 항공의 승무원에게 "어느 항공사예요?"라고 묻는 게 아니라 "이게 무슨 옷이에요?"라고 물었다. 공항 밖에서 호텔 픽업 버스를 기다리고 서 있을 때에는 더 황당한 소리도 들었다.

"어이~ 아가씨, 여기 차 대도 돼?"

카타르 항공 승무원의 자주색 유니폼이 얼핏 보기에 주차 단속원의 복장과 흡사해 벌어진 해프닝이었다.

:: 코가 뭉그러진 스핑크스 상 앞에서. 남들보다 쉽고 흔하게 해외여행을 할 수 있는 것
또한 승무원의 매력이다.

정말 하고 싶은 일인가? 보수가 엄청나게 좋은가? 명성 있는 회사
인가? 이 세 가지 조건 중 하나만 만족스러워도 성공한 직장인이라고
입버릇처럼 말해 온 내게 승무원 생활은 더할 나위 없이 좋았다. '나인
투 파이브'로 매일매일 출근하지 않아도 되고, 비행기 티켓을 저렴하게
구입해 여러 나라를 돌아다닐 수도 있으니 금상첨화였다. 무엇보다 진
정으로 하고 싶던 일이었기에 나는 행복했다.

카타르 항공에서 근무할 때 '한 사람'을 만났다. 휴가 때 한국에 나
와 소개를 받았는데 첫 느낌이 무척 좋았다. 하지만 중동 땅에 멀리 떨
어져 있는 내 여건상 '다지기' 작업을 할 수가 없어 세계 유명 관광지
의 엽서를 한국으로 띄우며 그와의 끈을 놓지 않았다. 그러다 기회를
봐서 KLM(Royal Dutch Airlines) 승무원 시험에 응시했다. 네덜란드
항공사인 KLM 역시 외국 항공사이지만 다른 외국 항공사와는 달리 승
무원의 베이스(생활 거주지)가 한국이다. 비행 노선은 인천과 암스테르

담, 비행 스케줄은 한 달에 2~3번. 나는 1년 반의 중동 생활을 마치고 2005년 KLM 비행기로 갈아탔다. 그 '한 사람'이 변수가 되었음을 부인하지 않겠다. 그 사람이 지금 내 남편이다.

승무원판, 체험 삶의 현장!

다른 사람들에게는 비행 업무가 단순한 일의 반복처럼 보일지도 모르지만 그렇지 않다. 비행을 할 때마다 배우는 것이 있고 느끼는 것이 있다. 내 비행 일기에는 승무원들이 겪는 '체험! 삶의 현장'이 고스란히 담겨 있다.

● 한국 승객 한 사람이 탑승한다. 자리에 앉아 승무원을 부르거나 재킷을 건네 주는 태도가 예사롭지 않은 분위기를 폴폴 풍긴다. 그 승객은 아주 짜증스런 얼굴로 내게 묻는다.

"나 72J 승객인데, 72K에 앉은 사람, 업그레이더(upgrader, 이코노미에서 비즈니스 클래스로 좌석 승급되어 탑승한 승객)인가? 왜 저런 사람이 내 옆에 앉지?"

헉, 정말 당황스런 순간이다. 이 승객은 마일리지가 엘리트(상용 고객 우대 제도 등급 중 높은 등급에 속하는 고객)이고, 옆자리 승객은 업그레이더가 맞다. 어쩌랴. 나는 바로 달려가 무릎을 꿇고 마일리지 엘리트 승객에게 이야기를 건넨다.

"손님, 좌석이 많이 불편하십니까?"

나는 서비스직 종사자. 나를 버릴 줄 알아야 한다. 만석이라 자리를 옮길 수도 없으니 적어도 이 승객이 비행 내내 서비스에서는 불편을 느끼지 않게 배려하고 살펴야 한다. 그 순간부터 이 승객은 우리 비행기의 VIP이다.

• 고추장이 있어야 할 '밀 트레이(meal tray, 승객용 식사 쟁반)'에 고추장은 없고 생뚱맞게 중국인 승객을 위한 포춘 쿠키가 놓여 있다. 내 짝의 카트는 아무 이상이 없는데 내 카트만…. 기절하겠다. 고추장 없어요? 김치 없어요? 한국 승객들, 당연히 난리가 났다. 영화 소리는 안 들리지, 고추장은 없지. 게다가 날 도와주겠다고 나선 동료는 정신 없이 중간 중간 음료 서비스를 건너뛰고 밥과 빵만 나눠 주었다. 내가 지나가니까 아까 음료 안 주고 그냥 갔다면서 한마디씩 하는 승객들…. 흑흑. 승무원은 승객을 맞이하는 일선에 있다 보니 다른 부서의 실수도 내 잘못인 양 사과하고 수습해야 한다.

• 같은 줄 좌석에 외국인 승객과 한국인 승객이 섞여 앉아 있으면, 왜 그렇게 언어 전환이 안 되는지 모르겠다. 한국 승객에게 영어로 답하고 "웁스" 하는가 하면, 외국 승객에게는 "음료는 무엇으로 하시겠습니까?"라고 한국말로 묻고. 결국 젊은 한국 승객이 나를 보고 껄껄 웃는다. 영어도 한국말도 헷갈리기 시작한다.

• 한국인 여자 승객 한 분이 얼굴이 하얗게 질린 채 위가 너무 아프다며 소화제를 달라고 한다. 기내에서 소화가 안 되면 속이 더부룩한 정도일 텐데…. 자세히 증상을 물어보니 아무래도 가스가 가득 찬 듯. 나 역시 예전에 비행할 때 장이 꼬이는 듯한 통증을 느낀 적이 있다.

나는 늘 하던 대로 '진저 에일(생강 맛 나는 탄산음료)'을 드린 뒤, 기내를 왔다 갔다 하시라고 권했다. 화장실에도 꼭 가시라는 이야기도 덧붙여. 착륙 전, 승객에게 다가가 "지금은 좀 괜찮으세요?"라고 물었더니 환한 표정으로 답한다. "고마워요. 많이 괜찮아졌네요."

내 기분까지 날아갈 것 같다.

●아줌마 부대는 바짝 긴장해야 할 대상 1호. 여러 번 여행한 아줌마 승객들은 모 항공사는 어떤데 여기는 어쩌니 저쩌니 하며 자꾸만 비교를 한다. 특히 승무원의 혼을 쏙 뽑는 시간은 기내 면세품 판매 시간. 한 아주머니가 뭔가를 사면 주변 아주머니들이 덩달아 모두 그 물건을 사겠다고 나선다.

누구 엄마, 뭐 샀어? 한번 봐 봐. 이쁘네. 어, 아가씨. 나도 이거 똑같은 걸로 하나 줘요. 아가씨~ 미스 김~~ 여기저기서 소리 지르고, 왔다 갔다 하면서 물건 비교하고. 안전상의 이유로 KLM에서는 술과 담배를 판매하지 않는 것도 그런 승객들에게는 불만 사항이다. 어쩌겠는가, 오늘도 내 입에서는 '쏘리' 소리가 술술 나온다.

●내가 쉴 차례. 트레이닝복으로 갈아입고 벙커(승무원의 휴식 공간)에 누웠다. 와아 이렇게 편할 수가. 잠을 설칠 줄 알았는데 2시간 동안 깊은 잠에 빠져 버렸다. 이러다가는 비행기 굉음이 들려야만 잠이 잘 오는 거 아냐? 동료가 따뜻한 타월과 주스를 들고 와서 날 깨운다. 유니폼으로 갈아입고 머리와 화장도 손 보고 양치질을 한다. 그리고 나서 아무 일 없었던 것처럼 웃으며 다시 승객들 앞에 선다.

11시간 동안의 장거리 비행을 마칠 즈음이면 피부는 푸석푸석, 눈

:: 카타르 항공 승무원 시절에 갖고 다녔던 수트케이스. 해외에 살다 보면 한국 음식이 제일 그립다. 그래서 한국을 방문할 때마다 수트케이스에 한국 음식을 가득 채우곤 한다.

은 게슴츠레, 몸은 풍선처럼 부풀어 '호빵맨'이 된다. 호텔 체크인을 하자마자 침대로 빨려 들어가는 건 시간 문제다.

말 한마디에 보람과 상처를

승무원을 희망하는 사람들에게 나는 이런 말을 하곤 한다. 승무원은 여자로 태어나 해 볼 만한 직업, 후회하지 않을 직업이다. 그러나 핑크빛 환상은 금물이다. 혹시 공항에서 예쁜 척하고 다니면 사람들이 우러러볼 것 같은 착각에 빠져 있지는 않은지 잘 생각해 보라.

화려한 모습은 공항에서 가방 끌고 비행기에 오르기 직전까지다. 비행기에 탄 순간부터 승무원은 막말로 '여자 천하장사'다. 무거운 기내 물품을 들어야 하고, 맥주 한 박스도 신문 한 묶음도 번쩍 들어 올려 정리해야 한다. 그뿐인가. 아픈 사람이 있으면 간호사처럼 돌볼 줄도 알아야 하고, 불이 나면 소방관처럼, 비상 사태가 발생하면 교관처럼 대처할 수 있어야 한다. 때로는 승객이 토해 놓은 오물이나 대변도

:: 기내에서 불이 날 경우에 대비해 승무원들은 진화 요령을 배우며 몸으로 익힌다. 비행기가 바다에 불시착했을 때 승객들을 무사히 탈출시키기, 바다에서 체온 유지하기 등 필수 생존 전략 방법도 배운다.

치워야 한다. 무엇보다도 자기희생과 겸손이 필요한 직업이다.

그런데 승무원의 기를 살리는 것도, 승무원의 기를 죽이는 것도 승객이다. 승무원은 승객들의 말 한마디에 보람을 느끼고, 또 말 한마디에 상처받기 때문이다. 물 한 잔을 부탁하더라도 그냥 '물'이라고 하는 것보다 승무원의 입장을 헤아려 "바쁘지 않을 때 나한테 물 한 잔만 갖다 달라."고 말하면 눈물 나게 고맙고 더 잘해 드리고 싶다. 장시간 비행을 마치고 내릴 때 승객에게서 "덕분에 편안하게 잘 왔다, 힘든 데도 웃음 잃지 않고 일하는 모습이 좋았다, 다음번에 같이 비행할 기회가 있기를 바란다."는 말을 들으면 비행 내내 쌓였던 피로가 사르르 녹는다.

카타르 항공에서 근무할 때 어떤 한국인 남자 승객은 다짜고짜 반말로 내게 물었다.

"아가씨, 대체 월급 얼마나 받고 일해? 국내 항공사 떨어져서 여기 온 거 다 알고 있어."

그 승객은 중동 항공사라는 이유만으로 내 소중한 일을 폄하했다.

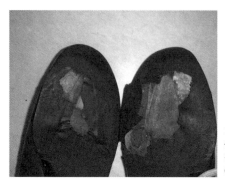

:: KLM 승무원은 발이 편하도록 굽 낮은 신발을 신고 일한다. 기내에서 얼마나 바지런하게 걸어 다녔는지 나의 기내화 바닥이 닳아 구멍이 났다.

정말 속이 상했다. 아이러니하게도 KLM에서 일하자 나를 능력 있는 여성으로 보는 승객들이 많았다.

"국위 선양한다."

"머리 노랗고 눈 파란 사람들 틈에서 일하는 걸 보니 아가씨가 자랑스럽다."

기분 좋기도 하지만 한편으로 씁쓸하기도 하다.

이런 일도 있었다. 암스테르담에 착륙하기 전, 기내에서 나와 이런 저런 대화를 나누었던 영국 아저씨가 내게 작은 봉투를 내밀었다.

'아, 이것이 말로만 듣던 칭송 레터인가?'

기쁜 마음에 일단 봉투를 주머니에 넣었다. 나중에 열어 보니 칭송 레터도, 명함도 아닌 10유로짜리 지폐 한 장이 들어 있었다. 조심스레 동료 승무원에게 이야기를 했더니, "10유로, 너무 적은 거 아냐?" 하며 유쾌하게 웃었다. 승객에게 '팁'을 받다니, 정말 잊지 못할 경험이었다.

좌절과 고난의 시간이 약으로

승무원 생활을 하면 웃지 못할 직업병도 얻는다. 레스토랑에 가면 나는 음료를 마시면서도 테이블을 닦는다. 종업원이 뭐 하나 갖다 줄 때마다 "고맙습니다."라는 인사말이 자동적으로 나온다. 게다가 밥을 먹고 난 뒤에는 그릇을 전부 모은다. 습관이 몸에 밴 결과다.

하늘에서 일하다 보니 부모님이나 친지들은 이런저런 걱정이 많다. 비행을 오래하면 기압 차이로 인해 자궁이 내려온다느니, 승무원들은 불임, 조산, 유산 확률이 높다느니 하는 말들이 있기 때문이다. 나도 비행을 시작하고 나서 위장 질환을 비롯하여 허리 통증, 생리 양 감소 등 건강 상태가 점점 나빠지고 있었다.

시부모님은 결혼하자마자 아이 갖기를 원했다.

"네가 빨리 비행기에서 내려야 임신이 되지…."

비행 근무를 그만두었으면 하는 시어머니께 나는 차분히 말했다.

"어머니, 제 동기들이 하나둘씩 임신하고 있어요. 저에게도 아마 좋은 소식이 있겠죠."

결국 나는 결혼 후 6개월 만에 임신을 했고, 시댁과 친정에서 모두 기뻐했다.

내 생각에는 비행기를 오래 타서 임신이 잘 안 되는 게 아니라 승무원들이 비행 스케줄에 따라 움직이느라 가임 시기를 맞추기 힘든 데다, 임신 초기에 편안하게 쉬지 못하고 밤을 새며 불규칙적인 근무를 하다 보니 착상이 잘 되지 않는 경우가 생기는 것 아닌가 싶다.

돌아보면 좌절과 고난의 시간들이 고맙다. 만약 지난한 실패 경험 없이 국내 항공사에 바로 취직이 되었다면 어쩌면 1년도 못 버티고 뛰쳐나왔을지 모른다. 쉽게 합격해서 입사한 승무원들 가운데는 불만이 많은 경우가 있다. 나는 힘들게 오래 돌아왔기에 '쉽게 얻을 수 있는 건 없다'는 소중한 인생의 교훈을 얻었다. 또 처음부터 승무원의 장단점을 알고 시작했기에 실망할 일도 없었다.

KLM에 입사하고 나서 폭설과 휴가가 겹쳐 한동안 비행 스케줄이 잡히지 않았다. 그때 나는 '비행을 달라'고 외치고 싶었다. KLM과의 계약 기간 4년. 나는 후회 없이 지치도록 비행을 하고 싶다.

다시 태어나도 나는 승무원이 될 것이다. 말로 다 표현할 수 없는 매력을 온몸으로 느끼며 살기에.

(구술 정리 : 임진숙)

KLM 로열 더치 에어라인 소개

KLM 로열 더치 에어라인은 1919년 앨버트 플레스먼(Albert Plesman) 박사가 설립한 세계 최초의 민간 항공사이다. KLM은 네덜란드 어 'Koninklijke Lu-chtvaart Maatschappij'의 줄임말로 영어로 'Royal Dutch Airlines'라는 뜻이다. 창립 이래 89년간 같은 이름으로 불리고 있다.

KLM은 2004년 5월 에어프랑스와 공식 합병한 뒤 총 매출 면에서 세계 최대, 승객 수송 면에서 세계 3위의 항공 그룹으로 자리 매김하고 있으며, 현재 주 7회 인천 – 암스테르담 간 비행기를 띄우고 있다. KLM Korea는 다른 외국 항공사와는 달리 승무원 거주지가 한국이고, 1년에 휴가가 40일이나 돼 기혼 여성들에게 특히 인기가 높다. KLM의 경우 임신 사실을 확인한 때부터 휴직에 들어갈 수 있으며, 복직은 본인이 원할 때 할 수 있다. 산전 산후 유급 휴가는 3개월이다.

나는 하늘 위의 마술사!

| 안정환 |

1980년생. 오스트리아 비엔나에서 고등학교(Marianum Hochschule) 과정을 마친 뒤 미술대학(Kunst Schule)에 들어가 그래픽 디자인을 전공했다. 2004년 천안외국어대학교 영어학과를 졸업하고 서경대학교 영어학과로 편입해 2006년에 졸업했다. 2006년 (주)한성항공 캐빈 서비스팀에 입사해 현재 마술하는 승무원으로 활약하고 있다.

　　한성항공의 '데이비드 카퍼필드'. 이것은 승무원이 된 뒤 내게 붙여진 별명이다. 13년 전 호기심으로 마술을 배울 때만 해도 내가 나중에 많은 사람들 앞에서 쇼를 하게 될 줄은 꿈에도 몰랐다.

　　나는 오스트리아 비엔나에서 유학 생활을 했다. 당시 가깝게 지내던 흑인 친구에게서 카드와 동전을 이용한 마술을 배웠는데, 한성항공 승무원으로 입사하고 나니 서비스 교육 중 하나로 마술을 배우는 과정이 있었다. 한성항공 승무원들은 비행기가 순항 고도에 접어들면 승객들에게 풍선 아트나 줄 인형극, 구연동화, 마술 등을 선보인다. 내가 기내에서 즐겨하는 것은 링 마술로 한 손에는 링, 다른 한 손에는 줄을 들고 승객들을 마주 본 채 매직 쇼를 한다.

　　"이 줄이 한성항공입니다. 이 링은 손님이고요. 지금 여러분들은 저

:: 현재 나는 한성항공의 데이비드 카퍼필드라고 불린다. 마술 등 각종 기내 이벤트는 승객들에게 즐거움과 친근함을 주기 위한 승무원들의 노력이기도 하다.

희 한성항공 비행기를 타고 계신데, 손님과 저희가 얼마나 잘 맞는지 한번 연결해 보겠습니다."

나의 두 손에 일제히 쏠리는 승객들의 시선. 처음에는 일부러 실수를 한다.

"에이~, 에이~"

여기저기에서 실망하는 소리가 터져 나온다. 그러면 난 표정을 가다듬고 말한다.

"자, 다시 한 번 손님 여러분의 진정한 마음을 모아서 해 보겠습니다."

마술은 표정과 화술이 중요하다. 난 이쯤에서 코믹하게 줄에 콧기름을 바르는 시늉을 곁들인다. 줄에 링이 끼워져 서로 연결되는 순간, 기내에는 "와아!" 하고 탄성이 퍼진다. 난 원래 약간 내성적인 성격인데, 일할 때에는 잠재된 끼가 드러나 평소 모습과는 좀 다르다.

나는 마술을 통해 승객들에게 즐거움을 주고, 친근한 승무원으로 그들에게 다가갈 수 있어 좋다. 또 승객들의 즐거워하는 표정을 보면 피곤함도 싹 가신다. 한성항공에서 나만 마술을 할 줄 아는 건 아니다. 때로 다재다능한 끼를 가진 동료들을 보면 주목 받고 싶어 하는 이들이 승무원 직업에 많이 도전하는 게 아닐까 싶을 정도다.

1지망 객실, 2지망 객실, 3지망 객실

나는 대학 졸업 후 서비스하는 일이 적성에 잘 맞을 것 같아 승무원이 되기로 결심했다. 중학교 졸업 후, 난 혼자 오스트리아로 향하는 비행기에 올랐다가 경유지인 네덜란드 공항에서 길을 잃고 안절부절못하고 있는 내게 유니폼을 입은 외국인 남자 승무원이 친절하게 길 안내를 해 준 적이 있었다. 잠깐의 마주침이었지만, 오랫동안 공항에서 본 그 승무원의 인상 깊었던 모습도 동기가 되었을 것이다.

나는 외국 생활을 하고 싶어 루프트한자와 에미레이트 항공사 승무원 시험에 응시했으나 연거푸 실패했다. 충분한 준비 없이 막연한 자신감만으로 지원했던 내게 항공사 면접관은 면접 때 내가 썼던 용어를 지적하면서 잘 다듬어 다시 도전해 보라고 조언해 주었다.

한성항공 승무원 시험을 볼 때에는 가족의 지원과 승무원의 길로 이끌어 주신 선생님의 도움이 컸다. 1차 면접을 통과한 뒤, 2차 면접 요강을 살펴보니 '자유 복장'이라고 적혀 있었다. 자유 복장이라니, 도대체 어떻게 입어야 할까. 그때는 마침 독일 월드컵 시즌이었다. 나를 가르쳤던 선생님은 내가 '반지의 제왕' 안정환 선수와 이름도 같으니 복장을 축구 콘셉트로 잡는 게 어떠냐고 제안했다. 붉은 악마 티셔츠에 빨간 두건까지 쓰고 좀 휘황찬란하게 리폼한 청바지를 받쳐 입었다. 청바지는 의상 디자이너인 둘째 누나가 나를 위해서 세련되게 만들어 준 것이었다.

나는 꽤 튀는 차림으로 면접관들 앞에 섰다.

"저는 이 복장으로 승무원을 할 겁니다. 지금부터 독일로 응원하러 가는 사람들을 태운 특별기를 띄워 보겠습니다."

나는 집에서 미리 연습한 대로 기내 방송용 원고를 독일어와 한국어로 읊었다. 원고를 읽는 건 큰누나에게 지도를 받았다. 큰누나는 방송사에서 스포츠 중계를 하는 아나운서다. 누나는 평소에도 '효꽈', '폭팔' 하는 식으로 발음을 하면 그냥 넘어가질 않았기에, 사실 우리 식구들은 정확한 발음으로 말하는 게 생활화되어 있었다.

나는 'p' 같은 파열음을 바람소리 나지 않게 깔끔하게 발음하는 요령도 누나한테서 배웠다. 그 비결은 입술을 너무 붙이지 말고 입을 크게 벌리라는 것. 큰누나는 면접 때 내가 읽을 방송용 원고를 그대로 읽어서 테이프에 녹음해 주었다. 난 누나의 발음과 억양을 듣고 따라 하기를 수십 차례 반복했다. '여기서 이렇게 쉬어 주고, 이건 이렇게 발음하고….'

나는 기내 방송을 한 다음, 뮤지컬 '라이언 킹'의 한 장면을 영어로 선보였다. 대학교 때 공연을 하느라 연습했던 걸 기내에서 지루해하는 아이들을 위한 볼거리로 만들어 면접 장소에서 활용한 것이다. 나는 그렇게 외국어 실력과 숨은 끼를 면접관들에게 보여 주었다.

하지만 나만 그렇게 유별난 퍼포먼스를 한 건 아니었다. 그날 그 면접장은 연예인을 뽑는 자리인 줄 착각할 정도였다. 어떤 이는 밸리 댄스를 추었고, 또 어떤 이는 가야금을 연주했다. 개그 프로그램의 유명 코너를 패러디해서 비행기 티켓을 판매하는 상황을 연출한 지원자도 있었고, 기내 체조를 준비한 지원자, 소품을 가져와 기상 캐스터처럼 재미있게 해설한 지원자도 있었다. 다들 쟁쟁한 경쟁자들이었다.

면접 때 사장님은 내게 10년 후의 꿈이 뭐냐는 질문을 했다. 그때 나는 당돌하게 이렇게 대답했다.

"지금 사장님께서 앉아 계신 자리에 있고 싶습니다."

입사 전 한성항공과 다른 항공사의 승무원 채용 일정이 공교롭게도 겹치는 바람에 나는 어디에 응시할까 고민을 많이 했다. 메이저 항공사는 복지 제도나 보수가 한성항공보다 더 나았지만 난 앞으로 성장 가능성이 큰 한성항공을 택했다.

"안정환 씨, 2지망을 운송으로 해도 괜찮겠습니까?"

당시 입사 지원서에는 1지망 객실 승무원, 2지망 운송, 3지망 마케팅 하는 식으로 적는 사람들이 태반이었지만 난 1, 2, 3지망 모두 '객실'이라고 표기했다. 간혹 나처럼 3지망까지 객실 승무원을 희망한 지원자들도 있긴 했지만 그런 질문을 받으면 다들 괜찮다고 대답을 했다고 한다.

그러나 나는 이렇게 대답했다.

"저는 객실이 아니면 하지 않겠습니다."

부사장님이 매서운 눈으로 나를 쳐다보며 말했다.

"안정환 씨가 그렇게 이야기했으니, 그럼 원하는 대로 성적에 맞춰 추리겠습니다. 그래도 되겠죠?"

"예. 그러셔도 됩니다."

면접실을 나온 뒤 '떨어졌구나' 싶었다. 알고 보니 한성항공에서 원하는 인재상은 '멀티 플레이어'였다. 다른 사람들은 다 괜찮다고 대답했는데 나만 외골수처럼 객실 승무원을 고집한 것이다.

나는 마음을 비우고 최종 통보를 기다렸다. 3주쯤 뒤, 한성항공으로부터 합격 소식을 받았다. 나중에 들은 얘기지만 내가 입사하기 전에 벌써 "3기에 굉장히 고집이 센 사원이 들어올 것"이라는 소문이 돌았다고 한다. 나는 회사에 출근한 후 객실 팀장님과 부사장님께 면접 때 객실만 고집한 것에 대해 여쭈었더니 그것 때문에 합격한 거라는 말씀을 하셨다. 그때 난 '취업에 성공하려면 운이나 노력도 있어야겠지만 소신도 필요하구나' 하는 생각을 하게 되었다.

한국 최초 지역 민영 항공

2년 전, 난 필리핀에서 저가 항공사(LCC: Low Cost Carrier) 비행기를 탄 적이 있었다. 기내에 트레이닝복 같은 옷을 입은 사람들이 들어와 있기에 청소부인 줄 알았는데 기내 서비스를 하는 걸 보고서 깜짝 놀랐다. '쫄바지' 차림으로 서비스하는 승무원! 이런 게 바로 저가 항공사의 차별성이구나 싶었다.

한성항공은 한국 최초의 단거리 전문 항공사이자 지역 민영 항공사이다. 2005년 8월 31일에 첫 취항해 가격 경쟁력과 차별화된 서비스로 틈새 시장을 공략하고 있다. 한성항공이 벤치마킹하는 업체는 미국의 사우스웨스트 항공사다.

"만약 손님께서 담배를 피우고 싶으시면 언제든지 비행기 날개 위

:: 한성항공이 보유하고 있는 터보프롭 항공기.

에 마련된 테라스로 자리를 옮겨 저희가 특별히 준비한 영화 〈바람과 함께 사라지다〉를 즐기시기 바랍니다."

사우스웨스트 항공의 금연 안내 방송은 이처럼 코믹하다. 비행기 4대로 출범한 이 항공사는 유머 경영이라는 차별화된 전략으로 현재 미국에서 다섯 손가락 안에 꼽히는 대형 항공사로 성장했다.

한성항공은 현재 터보프롭(turboprop) 항공기를 4대 보유하고 있다. 터보프롭 항공기는 제트 엔진에 프로펠러를 장착한 비행기로 연료 소모량이 적어 경제적이며, 활주로의 길이가 짧은 국내 지방 공항을 운항하는 데 적합하다. 단점이라면 프로펠러 돌아가는 소리가 조금 시끄럽다는 것이다. 한성항공에서 운항하는 기종은 ATR 72로 승객 좌석 수는 66~70석이다.

저가 항공사를 이용해서 알뜰 여행을 하려는 고객들이 가장 걱정하는 점은 안전성으로, 승객들은 기체가 작으니 막연한 불안감을 갖게 된다. 그러나 운항 중에 기체가 흔들리는 건 항공기 자체의 문제가 아니라 기상 악화 탓이다. 난기류를 만났을 때는 대형 항공기도 마찬가지로 기체가 흔들린다. 기상 조건이 나빠 기체가 흔들리면, 나는 승객들에게 "놀라셨죠? 놀이 공원에 가면 롤러코스터 타시잖아요? 그렇게 가볍게 생각하시면 됩니다."라는 말을 건네 안심시킨다.

거의 모든 항공사들은 '안전 우선'을 강조한다. 하지만 한성항공 직원들은 '안전은 기본, 서비스 우선'이라는 모토로 일한다. 한성항공 인터넷 사이트에는 다음과 같은 고객들의 탑승 소감이 여러 건 올라와 있다.

"호기심에 한성항공을 이용했습니다. 좌석 간격도 넓고, 승무원이 기내 앞뒤에 한 분씩 계셔서 좀 더 친근한 느낌이 들었어요. 이륙할 때나 착륙할 때의 느낌도 다른 비행기와 별로 차이가 나지 않았습니다. 단지 프로펠러 소리가 조금 귀를 자극했는데 그것도 크게 문제가 되지는 않았고요. 가격, 서비스, 안전성, 이 세 가지를 놓고 평가를 한다면 별 5개 만점에 4개를 주고 싶습니다."

프로펠러 항공기는 다른 항공기보다 고도를 좀 낮춰 1700~1800피트로 비행을 하기 때문에 청명한 날이면 구름 아래 풍광이 눈에 훤히 들어온다. 그런 날이면 기장님은 관광 가이드처럼 승객들에게 안내 방송을 한다. 지금 어디 상공을 날고 있으며 오른쪽을 보면 뭐가 있고 왼쪽 아래로 보이는 데는 어떤 곳이라고 친절하게 설명한다. 물론 승객들의 반응은 아주 좋다.

여자 친구가 싫어할 직업, 남 승무원

스튜어디스는 여성들이 선호하는 직종이다. 그러나 남자 승무원인 스튜어드에 대한 직업 선호도는 스튜어디스보다 떨어지는 게 사실이다. 조종사로 일하는 내 친척만 해도 승무원이 되고 싶었으나 주위의 반대로 직종을 바꾸었으니.

남자 승무원의 여자 친구나 그 가족들이 스튜어드란 직업을 탐탁지 않게 여기는 마음은 이해할 수 있다. 우선 속된 말로 꽃 속에 파묻혀서 일하는 직업처럼 보이니 불안할 것이고, 여자들 틈에서 지내다 보면 여성화되지 않을까 하는 우려도 있을 수 있다. 또 "남자가 무슨 음료 서비스나 하고 있냐?"는 시각으로 바라볼 수도 있다.

내 여자 친구도 처음에 내가 승무원이 되겠다고 하자 내켜 하지 않았다. 어쩔 수 없는 마음일 것이다. 여자든 남자든 누구에게나 친절한 내 성격을 내심 불만스럽게 여겼으면서도 그런 성향이 승무원으로 일할 때 장점으로 작용하리라고 믿고 내 결정을 존중해 주었다.

생활이 불규칙하고 위험한 직업이라는 선입견 때문인지 여자 친구의 집안에서도 내 선택을 썩 반겨하지 않았다. 그러나 한성항공 비행기편으로 여자 친구 가족들이 제주도 나들이를 다녀온 후 든든한 응원군으로 변했다. 지금의 장인 장모께서는 "승무원들이 그렇게 힘들게 일하는지 몰랐다."고 하시며 남자 승무원도 괜찮은 직업이라는 생각을 갖게 된 것이다.

현재 한성항공의 객실 승무원은 모두 35명으로 그 가운데 5명이 남자다.

만약 대기업체 직원이 "당신, 평생 그거 하면서 제대로 먹고살 수 있겠냐. 전문직도 아니고."라는 말을 한다면 나는 이렇게 답하겠다. "나는 사람의 생명을 책임지는 일을 하고 있다. 그런 전문성이 당신에 게도 있느냐."

나는 승무원이란 직업에 100퍼센트 만족한다.

첫 비행 때의 긴장감은 아직도 기억난다. 비행 전, 청주 숙소에서 가방까지 들고 실전처럼 비행기에 올라타서 해야 할 일들을 순서대로 몇 번이나 연습을 했기에 승객을 상대하는 건 자신 있었는데, 막상 유 니폼을 입고 기내를 왔다 갔다 하며 일을 해 보니 내 예상과는 많은 게 달랐다. 나를 필요로 하는 손님들에게 다양한 서비스를 한다는 게 이렇 게 힘든 거구나 싶었다.

왕복 비행을 마치고 나니 다리에 힘이 쫙 풀렸다. 숙소에 들어가 쉬 고 싶은 마음밖에 들지 않았다. 나는 비행 경력이 채 2년이 안 돼서 기 억에 남을 만큼 황당한 경험을 했거나 까다로운 손님을 만난 적은 없 다. 다만 긴장한 상태에서 음식을 빨리 먹고, 폐쇄된 공간에서 일을 하 다 보니 배가 탱탱하고 속이 더부룩해지는 증상이 잦다. 가스를 배출하 거나 용변을 보는 걸로 해소가 되지 않을 성싶은 그런 느낌이라고나 할까. 손님 앞에서 내색은 하지 않지만 때로는 배를 곯아 가며 일하기 도 한다. 그 때문에 위장병은 승무원들에게 흔한 질환이다.

승무원의 비행 시간은 항공법에 정해져 있다. 승무원은 최대 6일까 지는 계속해서 일할 수 있으나 7일째는 반드시 쉬어야 하며, 국내선 비 행인 경우 1개월에 100시간을 넘지 않도록 규정하고 있다. 현재 한성 항공 승무원의 한 달 평균 비행 시간은 80시간이다. 앞으로 편수가 더 늘고, 일본이나 중국 같은 인접 국가로 국제선이 취항하면 아마 객실 승무원의 비행 시간도 증가할 것이다.

놀이터 같은 회사, 가족 같은 사람들

청주에서 제주까지 1시간 비행하는 동안 한성항공 승무원의 상황을 한마디로 표현하면, '시간은 짧고 할 일은 많다!'이다. 이착륙 전 준비부터 음료 서비스에 이벤트 공연까지, 객실 승무원은 그야말로 눈코 뜰 새 없이 바쁘다. 그래도 나는 즐겁다. 내게는 회사와 기내가 놀이터 같은 곳이다. 앞서도 말했듯이 한성항공 승무원들은 승객들에게 1 대 1 맞춤 서비스를 제공하고 이벤트 공연도 한다. 공연을 할 때면 더러 "쉬고 싶은데 시끄럽게 한다."며 언짢은 반응을 보이는 승객들도 있기는 하다. 그러나 한성항공을 타 본 경험이 있는 대부분의 손님들은 이벤트가 없으면 오늘은 왜 특별 서비스를 하지 않느냐며 섭섭해한다.

나는 매직 분야 담당자로서 이벤트 업체에서 하는 웬만한 마술은 모두 섭렵한 상태다. 하지만 매번 똑같은 마술을 선보이면 식상할 수 있으니 동료들과 틈틈이 아이디어 회의를 하고 새로운 마술 용품을 구매해 아이템을 바꾸는 일도 게을리하지 않는다.

1 대 1 맞춤 서비스는 기내에서 우는 아이를 달래는 데만 소용이 있는 게 아니라, 토라진 여자 친구의 마음을 풀어 주는 데에도 효력을 발휘한다. 남자 승무원은 여자들이 많은 집단에서 일을 하다 보니 여자의 심리를 잘 알고 이해하게 된다.

바빠서 여자 친구와 한동안 만나지 못했을 때, 난 어느 정도 각오를 하고 청주에서 서울로 올라갔다. 여자 친구는 화가 잔뜩 난 채 자동차 안에 앉아 꼼짝하지 않았다. 난 헤드라이트 불빛을 비추고 차 앞에서 마술 공연을 했다. 신문지를 찢은 뒤 툭툭 펼치면 한 면에 하트 무늬가 나오는 마술이었다. 내 정성에 여자 친구의 마음은 봄눈 녹듯 풀렸다.

:: 지상에서 승무원 스케줄을 짜는 작업과 안전 관리 업무도 병행했다.

회사 사무실이나 기내에서 가족 같은 분위기를 느낄 수 있는 것도 우리 회사 직원이 누릴 수 있는 혜택이다. 단골 고객이 "안정환 씨, 또 보네." 하며 반갑게 알은체를 하면, 더 나은 서비스를 해야겠다는 마음이 저절로 든다.

한성항공 비행기로 출장을 자주 가던 한 손님은 언젠가 병천 순대를 사 와서 유명한 순대라며 내게 먹어 보라고 주기도 하셨다. 순대는 식어 있었지만, 고객의 마음이 따뜻하게 전해 와 흐뭇했다.

한성항공은 직원 수가 적어 회사 분위기가 매우 가족적이다. 사원과 임원 사이의 벽이 낮고, 제안서 하나를 올리더라도 결재 라인이 짧아 바로 접수가 되는 장점이 있다. 또 말단 승무원이 사장과 면담할 수 있는 자리도 있다. 사장이 승무원들에게 "식사하러 갑시다." 하며 불러내기도 하고, 승무원이 "사장님, 제가 결혼하는데 주례를 서 주시겠습니까?"라고 부탁해 그 자리에서 오케이라는 대답을 들을 수도 있는 직장이다.

난 객실 승무원 업무뿐만 아니라 사무실에서 스케줄 관련 업무도 병행했다. 처음에 객실 승무원만 고집하던 내가 자연스럽게 멀티 플레이어가 되어 가고 있는 것이다.

회사 임원들이 늘 하는 이야기가 있다.

"한성항공 승무원들이 일등 신부, 일등 신랑감이라는 소리를 듣도록 하겠다. 정년 없는 회사를 만들어 가겠다."

나는 내가 몸담고 있는 회사가 그 약속을 이루어 주리라 확신한다. 그리고 앞으로도 계속 '한성항공맨'으로 남을 것이다.

(구술 정리 : 임진숙)

3장

더 넓은 공무원의 세계

천상에서 지상으로,
비행 정보의 구심점

| 진성현 |

1959년생. 1980년 인하대학교 화학공학과를 졸업한 뒤, 주간지 기자로 일하다 1985년 대한항공 객실 승무원으로 입사했다. 1994년에 일반직으로 전직, 객실 승원부 승원운영 그룹장을 거쳐 현재 국제 5그룹장으로 재직하고 있다. 대한항공 사보 '창공'지에 편집위원으로 글을 기고하며 『문화일보』에 항공 이야기 칼럼을 연재하기도 했다.

　　나는 서비스를 '득도(得道)의 길'이라고 말한다. 마음의 깨우침이 없이는 자연스럽게 고객에게 감동을 주는 서비스를 해낼 수 없기 때문이다. 내가 도 닦는 길에 들어선 건 아주 우연한 계기에서 비롯되었다. 난 공대를 다녔지만 졸업 후 공장 근처에 가지도 않았다. 원래 수학에는 통 재능이 없었고 어문학이 좋았다. 주간지 기자로 2년 남짓 일하며 지낼 즈음, 취업 준비를 하던 친구가 대한항공 입사 원서를 들고 와서는 같이 시험을 보자고 했다. 친구 따라 강남 간다던가. 친구가 원서까지 내주어서 시험을 보았는데 정작 그 친구는 떨어지고 나만 합격을 했다.

　　그 당시만 해도 남 승무원은 베일에 가린 특이 직종이었으며, '항공사 승무원=스튜어디스'라는 공식이 당연시되던 분위기였다. 나는 남자 승무원이 무슨 일을 하는지도 자세히 모른 채 항공사에 입사를 했다. 그저 막연히 '비행기 안에 사무실이 있나 보다. 거기서 사무를 보는 게 남자 사무장인가 보다' 하고 생각했다. 해외여행을 마음대로 다닐 수 없던 시절, 비행기 타고 여기저기 여행도 할 수 있겠다 싶어 나는 몇 년만 이 일을 해 보자는 마음으로 승무원 세계에 발을 들여놓았다. 그때는 항공사가 나의 평생 직장이 될 줄은 몰랐다.

처음에는 솔직히 적응이 잘 되지 않았다. 우리 사회는 전통적으로 음식 다루는 건 여자가 하는 일로 인식이 되어 있는데, 쟁반에 음료수 나르고 칵테일 만드는 법을 배우고 있자니 남자인 내가 할 일인가 싶었다.

서비스 맨은 단정한 용모와 깔끔한 복장을 갖추는 게 중요하다. 단정한 차림을 위해서는 머리에 포마드 기름을 발라야 하는데, 이게 내겐 제일 곤혹스러운 일이었다. 요새 젊은이들이야 무스나 헤어 스프레이를 사용해 외모를 가꾸는 게 아무렇지 않은 일이지만, 그때만 해도 아버지뻘 연배의 어른들이나 머릿기름을 바르고 다녔다. 그런데 내 손으로 포마드 기름을 바르면 머리가 끈적끈적하게 떡지고 모양이 나지 않았다. 난 이발사가 해 주는 걸 보고 배울 요량으로 이발소에 갔다. 머리를 깎고 나서 쭈뼛쭈뼛 아저씨한테 말을 했다.

"저어… 포마드 기름 좀 발라 주세요."

이발소 아저씨가 나를 빤히 보았다. 그러더니 옆에 있던 이발사한테 이상한 젊은이라는 듯 눈짓을 했다. 옆에서 이발하던 아저씨가 속닥거리는 소리가 들렸다. "왜 거 있잖아. 그런 데서 일하는 사람들." 하긴 그때 스물여덟 살 난 젊은이가 머릿기름을 발라 달라고 했으니 야간 업소 종업원쯤으로 오해 받음 직했다. 내가 살아왔던 환경과 너무나 다른 업무 환경으로 갈등이 없지 않았다. 내가 과연 이 분야에서 잘할 수 있을까 싶었다. 나한테 서비스맨이라는 이름이 걸맞기는 한 걸까.

드디어 첫 비행 근무를 하던 날, 나는 태어나서 처음으로 비행기라는 걸 타 보았다. 오사카행 A300 항공기가 활주로를 달릴 때 나는 '과연 이게 뜰까' 하는 호기심을 가득 안고 기내 맨 뒤에 앉아 있었다. 비행기의 머리가 위로 번쩍 들리며 하늘로 날아오르는 순간, 속으로 '야아' 하는 감탄사가 나왔다. 그러나 한가로운 감상도 잠시뿐, 난 곧바로 정신없이 일에 매달려야 했다.

부산에서 서울까지 택시 타고 날다

내가 승무원으로 갓 비행을 시작했을 때 주위에서는 예쁜 여 승무원들과 함께 일하니 부럽다고 한 사람이 많았다. 그러나 여 승무원들은 직장에서 일로 만나 일로 부딪치는 팀원일 뿐이다.

내가 입사했을 때만 해도 남 승무원의 역할 가운데 가장 큰 비중을 차지한 것이 기내 안전 보안이었다. 남 승무원들은 기내 안전을 위해 가슴이나 발목 같은 곳에 권총을 차고서 일을 했다. 지금은 승무원 역할에 남녀 구별이 없다. 남 승무원들도 여 승무원들과 똑같이 모든 기내 서비스를 담당한다.

좀 우습게 들릴지 모르겠지만, 나는 기내 음식에 적응하는 데 오랜 시간이 걸렸다. 깔끔하게 정돈된 기내 음식이 왠지 내게는 잘 맞지가 않았다. 또 여 승무원들 틈에서 일하는 것도 처음엔 쉽지 않았다. 기내 면세품을 판매하면서 실수를 해 여 승무원한테 한 소리를 듣고는 대꾸도 못 하고 혼자 속으로 상처를 받은 적도 있었다. 힐난조의 말도 아니었는데 아무튼 초창기에는 여 승무원들이 그냥 툭 던지는 말도 대범하게 넘길 여유가 없었다.

그러나 시간이 흐르면서 차츰 적응이 되고 마음의 여유도 생겼다. 사무장이 된 뒤로 나는 일이 서툰 여 승무원을 보면 엄하게 지적을 하기보다는 마음을 헤아려 가며 잘못을 지적하는 방식을 취했다. 새내기 시절의 내 모습이 떠올라 따뜻하게 이야기를 하면, 실수를 한 여 승무원이 잘못을 깨닫고 힘을 내서 더 잘할 거라는 기대 때문이다.

승무원 생활에 익숙해질수록 내가 승무원의 기질을 타고났다는 생각이 들었다. 특히 근무 형태가 내 성격에 아주 잘 맞았다. 매일 회사에 출퇴근하며 일에 얽매이는 여느 직장인들과는 달리 스케줄에 따라 움직이는 생활이 좋았다. 또 일하는 동안 힘들다는 생각이 들다가도 비행기에서 내리면 거짓말처럼 힘들었던 걸 싹 잊게 된다. 그러고는 자기 시간을 가지며 쉬다가 다음 비행을 또 나간다. 승무원으로 일하다 보니 이런 점에서 조직에 소속되어 있으면서도 자유업 종사자 같은 느낌이 들었다.

승무원으로 근무한 지 얼마 되지 않았을 때, 기내에서 군대 시절 구대장을 만났다. 반가운 마음에 인사를 했더니 구대장이 날 보고 "적성에 맞는 직업을 택했다."고 덕담을 건넸다. 군 복무를 할 때 알았던 사람의 눈에도 승무원이란 직업이 내게 어울려 보였던 모양이다.

승무원들은 매월 자신에게 할당된 비행 스케줄에 따라 근무를 한다. 스케줄은 곧 시간을 의미하는데 모든 비행 스케줄은 엄격한 시간의 틀 안에서 움직인다. 승무원들만큼 시간에 속박을 받고 사는 사람들도 없다. 그 때문에 승무원들의 생활 필수품은 자명종! 승무원들은 대개 잠자리 주변에 자명종을 서너 개씩 놔두고 잔다. 승무원이 기를 쓰며 지키려고 하는 비행 스케줄 시간은 승객과의 약속이기도 하다. 어쩌다 항공기 내에서 아직 탑승하지 못한 승객을 기다리느라 출발이 다소 지연된다는 안내 방송을 하는 경우가 있다. 그러나 승무원이 늦어서 항공기가 지연된다는 것은 상상할 수도 없는 일이다.

"비행 편수를 오후 걸로 바꿔 주시면 안 되나요?"

어느 날 한 여 승무원이 다급한 목소리로 사무실에 전화를 걸어왔다. 비행 근무가 없을 때 고향인 부산에 잠시 내려갔던 여 승무원이었다. 부산 공항에 짙은 안개가 껴서 서울로 올라갈 비행기가 모두 지연되고 있는 상황이라고 했다. 그날 오전에 비행을 나가야 하는데 돌발 사태가 벌어져 회사로 출근할 길이 막막해진 것이다. 비행 결근(Miss Flight)을 하게 될까 봐 초조해하던 그 여 승무원은 결국 택시를 타고 서울로 가는 방법을 택했다. 비행 결근을 한다는 건 승무원의 자존심이 걸린 문제였기에, 그녀는 엄청난 택시비를 지불하고서라도 회사에 출근을 해서 정해진 비행 스케줄에 따라 근무를 했다.

약속 시간을 지키는 건 고객들과 신뢰를 쌓는 지름길이다. 시간과 관련된 이야기를 하다 보니 심심치 않게 벌어지는 사례가 떠오른다. 많은 승객들이 항공사에서 하는 일과 공항에서 주관하는 일을 정확히 구분하지 못한다. 관제탑에서 비행기 이륙을 늦춰 기다리고 있는 상황인데도 승객들은 항공사 탓을 하며 불만을 터뜨리는 경우가 있다. 공항에서 보안 검색을 강화해 승객들이 오래 기다린 경우도 마찬가지다. 애꿎게 승객들의 불만을 살 때마다 외치고 싶던 말이 있다.

"대한항공과 공항은 다르다고요."

기내는 유실물 보관소?

승무원의 역할은 상황에 따라 다양하다. 기내에서 승객들에게 음료와 음식, 물품 서비스를 하는 것은 기본이고, 응급 상황이 벌어졌을 때에는 119 구조 대원처럼 위급한 환자를 간호한다. 아이들이 칭얼거리면 보모처럼 돌보기도 하고, 여행을 떠나는 승객들에게는 가이드 역할까지 한다.

"틀니를 잃어버렸는데 좀 찾아 줘요."

승무원들은 때로 승객의 이런 황당한 요구에도 부딪친다. 식사할 때 식판에 틀니를 놔두었다가 깜빡 잊고 챙기지 못했다는 승객의 호소. 그때부터 승무원들이 나서서 기내식 수거함을 온통 뒤지고 좌석 주변을 샅샅이 살피는 해프닝이 벌어진다.

승객들이 모두 내린 뒤 승무원이 기내에서 마지막으로 하는 일은 승객이 놓고 내린 물건이 없는지 확인하는 것이다. 기내에서 발견되는 유실물은 한 달에 수백 개나 된다. 습득물 중에는 휴대전화가 가장 많고 그 다음에 지갑과 안경이다. 유실물 발견 장소는 주로 승객의 좌석 앞주머니와 화장실, 그리고 선반 속이다.

실제로 기내에 물건을 두고 내리는 사람은 승객뿐만이 아니다. 승무원들도 소지품을 기내에 놓고 내려 분실하는 사례가 종종 있다. 심지어 자기가 입었던 상의와 앞치마를 기내에 놓고 내리는 경우도 있다.

승객이 승무원에게 맡긴 물건을 잃어버리는 경우에는 안타깝기 그지없다. 기내에는 승객의 개인 물품을 따로 보관해 줄 만한 공간이 없다. 간혹 승무원이 호의로 승객의 물건을 부득이하게 보관해 주기도 하는데, 시차를 겪으며 장시간 비행을 하다 보면 공교롭게도 승객과 승무

:: 객실 승무원의 완전한 비행을 위한 지원 업무가 그룹장의 주요 임무다.

원 모두가 물건의 존재를 까마득히 잊어버리는 일이 가끔 있다. 그렇기 때문에 승무원에게 물건을 맡길 때는 승무원에게만 의존하지 말고 승무원이 어디에다 물건을 보관하는지 승객이 직접 확인하고, 나중에 승객 스스로 다시 물건을 찾아가는 것이 좋다.

"내리실 때에는 잊으신 물건이 없는지 확인해 주시기 바랍니다."

식상할 정도로 기내에서 으레 흘러나오는 방송이다. 하지만 이때만이라도 자기 물건을 점검해 보는 시간을 갖도록 하자. 승객이나 승무원 모두가 귀담아 들어야 할 안내 방송이다.

비행 정보의 중심에 서 있는 그룹장

승무원의 직급은 유니폼만 보아도 알 수 있다. 대한항공 남 승무원의 경우, 어깨에 있는 흰색 줄무늬 견장이 직위에 따라 차이가 난다.

:: 비행 근무에 나서는 객실 승무원들에게 비행 정보를 브리핑하고 있다.

신참 남 승무원(SD)은 한 줄, 부사무장(AP)은 한 줄 반, 사무장(PS)
은 두 줄, 선임 사무장(SP)은 두 줄 반, 수석 사무장(CP)은 세 줄이다.
여 승무원의 경우, 부사무장부터 청색 재킷을 착용한다. 평직원으로 입
사해서 수석 사무장(일반 회사의 부장급)에 오르기까지는 적어도 15년
은 걸린다.

　객실 승무원 생활이 단조롭게 느껴질 즈음, 나는 행정 승무원으로
차출되어 객실 승무원 부서에서 일을 하게 되었다. 10년 동안의 천상
생활을 접고 지상으로 내려온 것이다. 기내가 아닌 사무실에서 근무를
하며 승무원들의 보고서를 관리하고 병가 처리를 하는 등 승무원 관련
업무를 했다. 원래는 행정 승무원으로 3년만 일하고 다시 '하늘로 올
라가도록' 되어 있었으나, 상사들에게서 전직(轉職)을 하라는 권유를
받았다. 내친김에 '승무원들의 근무 여건을 개선하는 일을 해 보자' 싶
어 사무실에 남기로 했다.

'원스톱 데스크'를 만든 것도 그러한 목적으로 우리 팀에서 추진한 일이다. 그 당시에는 승무원들이 비행 나가기 전에 부서별로 일일이 찾아다니며 비행에 필요한 자료와 정보를 취합해야 했다. 이런 번거로움을 없애기 위해 우리 팀은 승객 현황이나 비행 일정, 브리핑 서류 등 비행에 필요한 자료와 정보를 승무원들이 한 장소에서 한꺼번에 구할수 있도록 통합 시스템을 구축했다. 처음엔 작은 조직으로 시작했는데 지금은 비중 있는 조직으로 성장해 승무원들에게 큰 도움을 주고 있으며, 근무 인원도 4명으로 늘었다. 내가 지금까지 해 온 일들 가운데 가장 보람 있는 일을 꼽으라면 바로 비행 준비실에 원스톱 데스크를 만들어 승무원들의 불편함을 덜어 준 것이라 하겠다.

현재 나의 직책은 국제 5그룹장이다. 대한항공의 객실 승무원이 4700명가량 되고, 하루에 출발하는 대한항공 국제선만 해도 무려 75편 안팎이다. 대한항공에는 국제선 객실 승무원들을 지원하고 관리하는 국제 그룹이 10개가 있다. 국제 그룹장은 대부분 객실 수석 사무장 출신이 맡으며, 1년에 한 번씩 그룹 승무원들이 바뀐다. 국내선 객실 승무원 관련 업무는 국내 그룹장들이 총괄한다.

승무원이 한 명의 고객에게 제대로 서비스를 하고 한 편의 비행을 성공적으로 마치기 위해서는 무척이나 많은 비행 준비 과정을 거쳐야 한다. 마치 '한 송이 국화꽃을 피우기 위해 봄부터 소쩍새는 그렇게 울었나 보다'라는 시 구절처럼.

객실 승무원은 비행 출발 2시간 전에 객실 브리핑을 받아야 한다. 국제 그룹장은 비행을 앞둔 국제선 승무원들에게 특별한 이슈가 되는 정보를 요약해서 전달해 준다. 비행 노선과 항공기 기종, 고객의 특성, 승무원의 구성 등 여러 가지 비행 관련 정보를 중점적으로 이야기한다.

아울러 승무원들이 궁금해하는 회사나 부서의 소식들도 전해 준다. 승무원들의 고충 상담과 갖가지 사안에 대한 면담, 그리고 승무원에 대한 평가 작업도 그룹장이 맡은 주요 업무다. 객실 그룹장은 이렇게 수많은 정보의 중심에 서 있다.

그룹장은 누구보다도 기내 현장을 잘 알고 있어야 한다. 그래서 사무실 안에 앉아 관리 업무만 하지 않고 직접 기내 현장을 둘러보기도 한다. 지난여름 성수기에 나는 승무원 인력을 지원하기 위해 유니폼을 입고 비행 근무를 다녀왔다. 그룹장이지만 기내에서는 일반 승무원과 똑같이 서비스에 참여한다. 항상 승무원들에게 서비스를 잘하라고 말하는 입장이었기에 직접 승객들을 대하며 실수하지 않으려고 무던히 애를 썼던 기억이 난다.

누군가 내게 "지상직과 승무원직 중 어느 쪽이 더 좋은가?"라고 묻는다면 난 승무원이라고 대답할 것이다. 어느 직종이나 힘든 점들이 있고 또 좋은 점들이 있다. 다만 나는 승무원의 좋은 점 쪽에 플러스알파를 얹어 주고 싶다.

페미니스트가 되자

승무원 생활에는 마력이 있다고 한다. 한번 익숙해지면 쉽게 벗어나지 못하는 마력 같은 것. 1998년에 내가 기획했던 '홈 커밍(Home Coming)' 행사는 대단한 반향을 불러일으켰다. 전직 스튜어디스들이 잠시 회사로 돌아와 유니폼을 다시 입고 국내선 비행기에서 서비스 체험을 할 수 있도록 개최한 행사였다. 이미 40~50대 아주머니가 된 전직 승무원들이 옛 추억을 떠올리며 몹시 좋아하던 모습이 지금도 눈에 선하다. 나도 그 마음을 안다. 미소가 최고의 서비스라는 훈련 강사의 말을 그대로 실천하려고 기내에서 시도 때도 없이 웃고 다니다 바보 같다는 말을 듣고 겸연쩍어하던 그 시절이 지금도 그립다. 지상에서 근무를 하면서도 나는 모처럼 유니폼을 입을 때마다 가슴 한편에 승무원 시절의 향수에 젖게 되는 것을 느낀다. 어떤 때에는 비행 나가는 승무원들에게 농담 반 진담 반으로 "내가 가면 안 될까?" 하고 말하기도 한다.

승무원은 여자뿐만 아니라 남자에게도 매력적인 직업이다. 자기 시간이 많아서 취미 활동을 하거나 자기 계발을 하기에도 그만이다. 난 술을 못 하는 대신 운동을 좋아한다. 스키는 앵커리지에서 처음 타 봤고 골프는 LA에서 배웠다. 한국에서 이런 스포츠를 즐기려면 돈이 많이 들지만, 외국에서는 대중적인 운동이라서 비행 다니며 저렴한 비용으로 즐길 수가 있었다.

그러나 승무원들의 세계도 과거와는 많이 달라졌다. 변하는 직장 문화를 반영하듯, 들리는 말로는 요즘 승무원들은 외국 비행을 나가서도 시간을 아껴 호텔 방에서 외국어 공부나 방송 연습을 하며 자기 계발에 힘쓴다고 한다.

나는 '서비스는 여자가 하는 것'이라는 통념을 거부한다. 항공 서비스는 그야말로 수준 높은 종합 서비스다. 기내에서 어려운 상황에 닥쳤을 때 남 승무원의 역할이 매우 중요하다. 여 승무원의 장점이 섬세함이라면, 남 승무원이 갖고 있는 장점은 조직적인 마인드다. 남자의 영역으로 간주되던 분야에서 여자들이 활동하는 모습이 자연스럽게 받아들여지는 것처럼, 서비스 분야에서도 남자가 여자만큼 잘할 수 있다는 인식이 확산되었으면 한다.

항공사 승무원은 '감성 노동자(Emotional Laborer)'다. 승무원은 승객에게 정성 어린 마음을 쏟아야 한다. 여행에 지쳐 피곤한 승객에게 따뜻한 녹차 한 잔을 살며시 가져다주는 승무원, 바지에 커피를 쏟아 불편해하는 승객에게 해외에 체류하며 입으려고 했던 자신의 바지를 건네는 승무원, 기내 화장실 앞에서 정신을 잃고 쓰러진 승객을 보고서 오물이 얼굴에 묻는 것도 개의치 않고 인공호흡을 하는 승무원. 이러한 서비스는 배워서 실천하는 것이라기보다 고객을 우선하는 마음이 먼저 움직여야 가능한 것이다.

승무원이 되려면 영어, 일어, 중국어 같은 외국어 실력을 쌓아야 하고, 평소에 운동을 하면서 건강 관리에도 유념해야 한다. 그리고 포용력이 넓은 사람이 승무원에 적격이다. 동료와 후배, 승객들까지 포용력 있게 아우를 수 있는 사람이 승무원 생활을 잘한다. 여러 사람과 어울릴 수 있는 친화력과 조직 생활에 융화할 수 있는 태도도 중요하다.

바야흐로 여성 파워 시대가 도래하고 있다. 객실 승무원 사회에도 어느덧 사무장급 가운데 여 승무원의 숫자가 절반을 넘었으며, 계속해서 여성 관리자들이 늘어나는 추세다. 승무원이 되고자 하는 남자들에게 꼭 강조하고 싶은 말이 있다. "페미니스트가 되어라!" 승무원으로 성공하려면 남성 우월주의를 벗어던지고, 여성을 이해하며 배려하는 남자가 되어야 한다.

(구술 정리 : 임진숙)

승무원을 가르치는
승무원 선생님

| 이종민 |

1976년생. 1999년 이화여대 사회생활학과(일반사회교육 전공)를 졸업했다. 2000년 8월 대한항공 객실 승무원으로 입사해 2004년 부사무장, 2007년 과장으로 승진했다. 2006년부터 객실 훈련원 서비스 부문 강사로 근무하고 있으며, 현재 인하공전 항공운항과 겸임 교수로 학생들에게 강의도 하고 있다.

나의 원래 꿈은 교사가 되는 것이었다. 그러나 대학을 졸업할 무렵 IMF 사태가 터져 교원 채용이 동결되었다. 난 '앞으로 어떻게 해야 하나.' 망연자실했다. 대학원에 갈까 어쩔까 진로에 대해 고민하다가 모 그룹 회장 비서실에 취직했다. 자리를 비우지 못하고 대기 상태에 있어야 한다는 점, 휴가를 제대로 못 챙긴다는 점에서 약간 스트레스를 받기도 했지만, 윗분도 까다롭지 않았고 일도 편했다. 더군다나 연봉도 괜찮은 꽤 안정된 직장이었다.

그러나 사무실 안에만 있는 생활이 차츰 답답하고 지루해졌다. 언제부터인가 나는 바깥에 지나다니는 사람들을 물끄러미 구경하며 '저 사람들은 어디 가는 걸까?' 하는 생각에 잠기곤 했다. 회사 생활을 시작한 지 1년 남짓 지났을 때, 이대로는 안 되겠다 싶어 다시 진로를 모색했다. 내 안에서는 어느덧 많이 돌아다니는 직업, 활동적인 일을 동경하는 마음이 자리 잡고 있었다. 나는 승무원이 되고 싶었다. 색다른 걸 원하던 내게 승무원만한 직업도 없었다.

그렇게 준비를 해 승무원 시험에서 한 차례 실패를 맛본 뒤, 국내 항공사에 들어갈 수 있는 마지막 기회가 왔다. 그때만 해도 승무원 지원 자격에는 만 24세의 나이 제한이 있었다. 대한항공 면접 시험 장소에서 면접 위원이 내게 물었다.

"왜 굳이 승무원을 하려고 합니까? 생활도 안정적인 것 같은데…. 우리 회사는 그만큼 월급을 못 줄 수도 있어요."

나는 그때 승무원이 되고픈 심정을 밝혔고, 운 좋게 막차를 탔다.

힘든 고비를 넘기고…

합격 후 난 안전 교육과 서비스 교육, 국내선 교육(OJT), 국제선 교육을 차례로 받았다. 서비스 교육 내용은 내가 늘 머릿속에 그려 보던 것과 비슷했지만 나를 한 개인에서 승무원으로 바꾸는 과정이 쉽지만은 않았다. 게다가 안전 교육은 상상했던 것과는 많이 달랐다.

'이렇게 힘들게 승무원이 되는구나….' 난 내심 충격을 받았다.

승무원 생활을 하다 보면 끊임없이 힘든 고비가 찾아온다. 신입 시절에는 까다로운 승객을 제대로 응대하지 못해 진땀을 빼기도 하고, 윗사람들과의 관계나 업무 미숙으로 괴로움을 겪기도 한다. 나는 이코노미 클래스에서 비즈니스 클래스로 옮겨 기내 주방인 갤리에서 일할 때가 제일 힘들었다. 주방에서 식전 주류부터 전채 요리, 메인 요리, 치

:: 2006년 2월, 뉴욕 비행 후 잠깐 짬을 내어 시내 관광에 나섰다.

즈, 디저트, 식후 음료까지 코스별로 완벽하고 신속하게 서비스가 맞물리도록 준비하려면 손이 10개라도 부족하다. 기내를 오가며 승객 대할일은 거의 없이 주방에서 음식 준비해서 차리고, 들어온 음식 치우고, 무거운 유리컵과 사기그릇들을 넣었다 뺐다 하다가 다시 차곡차곡 정리하다 보면 정신이 하나도 없다. 그런 시간이 지나면 어느새 새로운역할이 생긴다.

비행 업무는 팀제로 이루어진다. 팀플레이가 원활하게 돌아가려면팀원 간의 조화와 팀장의 역할이 중요하다. 새 팀이 발표되는 12월 말이면 승무원들끼리 전화 통화를 하며 "누구누구 씨는 어때? 아무개 팀장님이 좋다더라."면서 서로 정보를 교환하고 탐색전을 벌인다. 새 학기에 담임선생 발표가 날 때 반마다 희비가 엇갈리는 상황과 엇비슷하다. 그런데 1년씩 같은 팀에서 일을 하다 보면 미운 정 고운 정이 쌓여팀원들끼리 사이가 돈독해지는데, 대한항공은 보통 1~2년마다 한 번씩 객실 승무원 팀을 바꾼다.

최고의 서비스는 고객에 대한 배려와 관심

승무원들은 '하늘의 꽃', '민간 외교관이자 한국의 첫인상'이란 자부심으로 일을 한다. 스튜어디스들이 일하는 비행기는 '하늘을 나는 대한민국 영토 1번지'이며 '세계인의 날개'이다. 항공법 제2조에는 객실승무원에 대한 정의를 이렇게 내리고 있다.

'객실 승무원이라 함은 항공기에 탑승하여 비상 탈출 진행 등 안전 임무를 수행하는 승무원을 말한다.'

세계 최초의 여 승무원은 간호사 출신이었다. 여 승무원이 등장하기 전에는 남자 승무원이 객실 업무를 담당했다. '스튜어디스 1호'로 기록된 여성은 미국 아이오와 주 출신의 젊은 간호사 앨런 처치(Ellen Church). 그녀는 원래 조종사가 되고 싶었으나 보잉 항공 운송사(현 유나이티드 항공)에서 여자 조종사를 허용하지 않자 대신 객실 서비스를 하겠다고 제안했다. 1930년 1개월 근무 조건으로 객실에 탑승한 처치는 샌프란시스코에서 시카고로 가는 노선에서 승객들에게 샌드위치와 커피를 제공하며 편안하고 안전한 여행이 될 수 있도록 최선을 다했다. 새로운 서비스가 승객들에게서 호응을 얻자, 다른 미국 항공사와 유럽 항공사들이 잇달아 여 승무원을 채용하기 시작했다.

일반 회사원이라면 유니폼보다 평상복을 선호하겠지만, 객실 승무원들은 유니폼을 입었을 때 뿌듯함을 느낀다. 초창기에는 간호사처럼 흰색 가운에 흰색 모자를 착용하는 것이 객실 여 승무원들의 보편적인 복장이었다. 그러다가 세계 대전을 거치면서 한동안 여성의 맵시를 살려 군복을 변형한 유니폼이 유행하기도 했다. 지금은 그 나라의 문화와 전통, 항공사의 특징을 반영해서 만든 유니폼을 입는 것이 일반적이다.

항공사는 여자 직원들이 많기 때문에 모성 보호 시스템이 잘 되어 있는 편이다. 대한항공 여 승무원의 경우, 산전 휴직과 산후 휴직을 합쳐 2년가량 쉴 수 있다. 비행 근무를 하다가 임신을 해서 쉬게 되면 몇 달은 정말 좋다가 나중엔 비행하던 시절이 그리워 비행기만 봐도 눈물이 난다는 말들을 많이 한다. 비행은 이렇게 중독성이 있는 것 같다.

승무원의 화려한 이미지는 수면 위의 백조 모습과 흡사하다. 호수 위에서 우아하게 떠다니는 백조가 물속에서 쉼 없이 발을 움직이는 것처럼, 승무원들도 승객들이 탑승하기 전에, 또는 승객들에게 음식을 내가기 전에는 보이지 않는 곳에서 분주하게 움직이다가 승객들 앞에 설 때에는 옷매무새를 가다듬고 언제 바빴냐는 듯 차분하게 서비스를 한다. 시차 때문에 30시간이나 잠을 자지 못해 정신이 몽롱한 상태에서도 승무원들은 승객에게 미소를 짓는다.

서비스에서는 100 - 1 = 99가 아니라 '0'이라고 한다. 1퍼센트라도 소홀하면 고객들의 마음이 떠난다는 뜻이다. 고객에 대한 끊임없는 배려와 관심 없이는 다양한 승객들에게 감동을 주는 서비스를 하기는 힘들다. 승무원에게는 여느 때와 크게 다를 것 없이 비행하는 날일지라도 승객에게는 특별한 오늘일 수 있다. 10년 만에 가족을 만나러 가는 길일 수도 있고, 부음을 듣고 슬픔에 잠겨 귀국하는 길일 수도 있다.

어느 중년 남성이 비행 내내 식사를 전혀 하지 않고 창밖만 내다보고 있었다. 뭔가 마음에 들지 않는 것이 있나 싶어 신경이 쓰였는데, 알고 보니 가족의 장례식에 가는 길이었다. 그럴 때에는 승객에게 자꾸 말을 걸기보다는 혼자 조용히 마음을 추스를 수 있게 방해하지 않는 것이 적절한 서비스다.

승무원 입장에서 승객에게 바라는 점을 이야기해 보라면 호칭 문제를 꼽을 수 있다. 나는 승객들이 "아가씨!", "언니"라고 하는 것보다 "승무원!"이라고 불러 주는 게 좋다. 또 아주머니들은 말보다 손이 앞서는 경우가 있다. 뒤에서 갑자기 옷을 잡아당겨 깜짝 놀라서 돌아보면, 아주머니가 유니폼을 잡고서 "아가씨, 여기도 줘요." 하시는 경우도 있다.

승무원들이 서비스를 하는 데는 올바른 지침이 있다. 이를테면 왼쪽 좌석에 앉은 손님에게는 마주 보고서 왼손으로 서비스를 해야 하고, 뜨거운 음료는 승객 좌석 쪽이 아니라 반드시 복도에서 다뤄야 한다. 승객과 대화를 할 때에는 45도 앞에 서서 이야기를 하고, 손님에게 양해를 구할 때에나 승객과 오래 대화를 할 때에는 몸을 낮춰 눈을 맞추며 이야기하는 것이 바람직하다.

아울러 승객에게 공평하고 동등한 서비스를 하는 것도 매우 중요하다. 서비스의 사각지대에 놓인 손님이 없도록 서비스의 속도도 맞추어야 하는데, 예컨대 앞 손님은 차를 마시고 있는데 뒷좌석 손님은 아직 식사도 받지 못한 상태가 되어서는 곤란하다. 이렇게 균형 있는 서비스에 중점을 두면서 노약자나 혼자 탑승한 어린이에게 개별적으로 좀 더 배려를 하면 이코노미 클래스에서도 감성적인 서비스가 가능하다.

어느 날 LA에서 할머니 한 분이 휠체어로 이동하며 혼자 비행기를 탔다. 기내 자리를 안내해 드리고, 비행기에서 내릴 때에는 부축해서 도와드렸다. 할머니가 "덕분에 정말 잘 왔다. 고맙다."며 내 손을 잡는데, 그 할머니의 검버섯 핀 손을 생각하면 지금도 눈시울이 붉어진다.

:: 2004년 스카이 팀 관련 행사에 참여했을 때. 에어 프랑스 승무원과 함께 하기도 했다.

객실 훈련원 강사가 되려면

8년 전, 신입 승무원으로 객실 훈련원에서 교육을 받았던 내가 지금은 강사 자격으로 훈련원에서 서비스 교육을 담당하고 있다. 대한항공 훈련 센터는 2003년 3월 연면적 968m² 부지에 지상 2층, 지하 2층 규모로 건립됐다. 이 건물에는 이론 교육을 받을 수 있는 일반 강의실뿐만 아니라 기내 방송 수업이 진행되는 방송 교육실, 항공기의 출입문을 여닫는 연습을 할 수 있도록 훈련용 도어(Door Trainer)가 설치되어 있고, 비상 탈출 훈련을 할 수 있는 모형 항공기(Mock-up)와 기내 화재 진압 실습실도 갖춰져 있다. 지하 2층에는 비상 탈출시 비상 착륙과 착수 훈련을 할 수 있도록 모형 항공기와 연결된 50미터 길이의 국제 규격 수영장이 있다. 훈련원에서 이루어지는 교육은 크게 서비스 교육과 안전 교육이다.

2006년 2월, 나는 본부로부터 서비스 교육 강사 면접을 보러 오라

:: 훈련원에서 강의 중.

는 연락을 받았다. 그동안 비행을 하면서 1~3개월씩 겸임 강사로 교육을 한 경험이 있는 데다, 전공이 교육학이고 가르치는 일에 관심도 있어 전임 강사 면접에 응했다. 훈련원 전임 강사가 되려면 사내 영어 자격증, 방송 자격증을 취득해야 하고, 부사무장(AP)급 이상인 승무원 중에 강사로서 자질이 뛰어나고 겸임 강사 경력자 중 우수한 사람이 선발된다.

　모의 강의를 앞두고 나는 매뉴얼(업무 규정집)에 나와 있는 내용을 참고로 해서 이코노미 클래스의 음료 서비스 방법을 파워포인트로 작성했다. 면접 위원들 앞에서 10~15분 프레젠테이션을 한 결과 강사로 선발되어 지상직으로 전직했다. 훈련원에서 교육을 받는 사람들은 신입 승무원뿐만 아니라 경력 승무원, 그리고 외국의 현지인 승무원들도 포함된다.

　비행 근무를 할 때와는 달리 강사 생활은 출퇴근 시간이 일정하고

:: 실습 중에 한 컷.

휴일과 연휴가 보장되는 장점이 있다. 오전 8시 30분부터 오후 5시 30분까지 주 5일 근무이지만, 문서 작업량이 많고 업무가 만만치 않다. 훈련원 강사들도 현장감을 익히려 두 달에 한 번은 국제선에서 비행 근무를 한다. 다른 승무원이 하는 걸 보면서 문제점을 체크하고 수정안을 생각하는 것이다. 다른 항공사 비행기도 일부러 타 봐서 서비스 방법이나 기내식 등을 알아보기도 한다. 3년 동안 훈련원에서 전임 강사 생활을 한 뒤 비행 업무에 복귀하는 것이 원칙이지만, 상황에 따라 영구 전직을 할 수도 있고 강사 근무 연한을 늘릴 수도 있다.

훈련원 강사가 되고 싶으면 우선 자기 관리를 잘해야 한다. 강의 업무와 비행 업무는 별개가 아니다. 비행에 충실하고 자기 업무에 최선을 다하면 자연히 인정을 받게 된다. 하지만 영어와 방송 능력이 떨어지면 강사가 되고 싶어도 자격 미달로 선발 대상에서 제외된다.

방송 자격은 A급부터 D급까지 있는데, D급은 한국어와 영어로 무리 없이 방송을 하는 수준으로 국내선 방송 자격이 주어진다. C급은 한국어, 영어, 일본어로 무난하게 방송할 수 있는 단계이며, 국제선 방송 자격이 주어진다. B급은 정확한 발음으로 자연스럽고 유창하게 방송할 수 있는 상태, 마지막으로 A급은 세 가지 언어를 원어민 수준으로 방송할 수 있어야 자격이 주어진다. 난 신입 시절에 방송 자격 C급을 획득했고, 지금은 A급 자격증을 갖고 있다.

건강 관리와 스케줄 관리를 잘하는 것도 중요하다. 병가나 비행 결근이 잦은 것은 별로 좋지 않다. 비행을 하면서 꾸준히 새로운 시각으로 변화를 모색해 가는 자세도 필요하다.

나는 2006년 9월부터 일주일에 한 번씩 인하공전 항공운항과에 강의를 나가고 있다. 객실 서비스 실무 실습, 고객 응대 요령 등을 학생들에게 가르치며 현장 경험을 전수하는 강의다. 아직은 비행 경력이 많은 편이 아니어서 앞으로 비행 근무도 더 하고 싶고, 나중에 교육대학원에 진학해 공부를 할 계획도 갖고 있다.

신입 승무원들이 훈련원에서 수업을 받을 때, 그리고 수료를 할 때 내가 빠뜨리지 않고 하는 말이 있다.

"쉽게 포기하지 마라. 빨리 그만두지 마라. 나중에 크게 후회할 수도 있다. 지금 힘들어도 지나고 보면 웃을 날이 있을 것이다."

(구술 정리 : 임진숙)

승무원의 꿈을
현실로 만들어 주는 조력자

| 이지은 |

순천향대학교 식품영양학과를 졸업했다. 캐세이 퍼시픽 항공에 입사해 3년 동안 객실 승무원으로 근무했으며, 1996년부터 2006년까지 에어라인 뉴스 센터에서 영어 인터뷰 강사로 일하면서 항공운항과 학생들을 대상으로 영어 인터뷰와 항공 영어를 강의했다. 틈틈이 유학 박람회에서 통역 업무를 했으며, 현재 승무원 지망생들에게 영어 면접 요령을 개인 교습하고 있다.

"아저씨, 납 덩어리 2킬로그램만 납작하게 펴 주세요."

키 160센티미터에 몸무게 42킬로그램. 내 키라면 몸무게가 50킬로그램쯤은 나가야 안심할 수 있었다. 몸무게 때문에 승무원 채용 시험에서 떨어진다면…. 승무원이 되는 건 나의 절실한 꿈이었다. 캐세이 퍼시픽 항공 입사 시험을 앞두고, 난 동네 철물점에 들렀다.

1차 면접 시험이 있던 날, 나는 납 두 덩어리를 양쪽 허벅지에 대고 청테이프로 칭칭 감고서, 그 위에다 몸에 착 달라붙는 거들을 입었다. 화장하는 법을 잘 모를 때라 얼굴에 파우더만 바르고 매니큐어는 칠하지도 않았다. 우울해 보인다는 학원 선생님의 말이 떠올라 복장은 과감하게 연출했다. 망사 민소매 셔츠에 흰 재킷, 그리고 미니스커트.

면접실로 들어가며 난 내심 불안했다. '면접관들이 걸음걸이도 자세하게 관찰한다던데, 행여 걷다가 붙여 놓은 납이 떨어지기라도 하면 어떻게 하지?' 나는 양쪽 다리에 납 덩어리가 1킬로그램씩 달려 있으니 걷기도 힘들었다. 1차 영어 인터뷰는 가족 사항과 전공 등을 묻는 정도로 간단하게 끝났다. 다음으로 신체 검사가 이어졌다. 체중계 위에 올라서니 바늘이 44킬로그램 조금 넘어서는 곳에 멈췄다. 면접관이 내얼굴을 힐끗 쳐다보더니 시력 검사를 받으러 가라고 했다. 몸이 마른 편이기는 했지만 얼굴이 통통해 보여 통과된 듯싶었다. 안도의 한숨이 절로 나왔다.

내가 승무원의 꿈을 갖게 된 데는 큰오빠 여자 친구의 영향이 컸다. 고등학교 1학년 때 대한항공 스튜어디스로 일하던 큰오빠의 여자 친구는 가끔씩 우리 집에 놀러 왔다. 예쁜 언니가 선물을 갖고 와서 들려주는 이야기가 나와는 아주 동떨어진 세계 같았다. 나는 그 언니가 무척이나 부러웠다. 무엇보다도 난 집에서 벗어나고 싶었다. 엄격한 아버지에게서 독립을 하려면 다른 나라로 가는 수밖에 없었다.

대학교에 들어간 뒤에도 내 희망은 오로지 승무원이 되는 것이었다. 식품영양학과에 다니면서도 전공은 뒷전인 채 영어 공부에 매달리는 나를 보고 친구들이 걱정스러운 얼굴로 한마디씩 했다.

"넌 뭐가 되려고 영어 공부만 하는 거야? 영양사 자격증을 따야지."

난 4학년 여름방학 때 승무원 양성 학원에 등록하고 강의를 들었다. 얼마 후 캐세이 퍼시픽 항공에서 승무원 채용 공고가 났다. 나는 부모님 몰래 지원서를 내고 면접 예상 질문을 만들어 모범 답안을 정리한 뒤 달달 외웠다. 꿈속에서도 노트에 적어 놓은 문장을 읽고 있는 내 모습이 등장했다.

4명의 면접관 앞에 혼자 앉아 최종 면접을 보았다. 면접 막바지, 면접관이 던진 질문 하나가 인상적이었다.

"집에서 화장실 청소는 누가 하나요?"

예상치 못한 질문이었다.

"제가 합니다. 부엌과 화장실은 그 집의 거울이죠. 청소를 하고 나면 기분이 좋아집니다."

최종 면접을 마치고 밖에서 15분쯤 기다리니 면접관이 나와서 축하한다고 말해 주었다. 몇 가지 건강 검진을 받고 나서 한 달쯤 뒤 최종 합격 통보를 받았다.

보카, 코히, 챠… 그게 뭐예요?

고대하던 승무원 시험에 합격을 했건만 부모님의 반대가 거셌다.

"여자가 잠자리가 바뀌면 안 된다."

"이제 가족들이 같이 모여 사나 했는데 왜 또 다른 데로 가려고 하니?"

특히 아버지는 절대 안 된다며 완강히 반대했다.

"비행기 차장이 되어서 뭐 하게? 너는 인생의 첫 단추를 잘못 끼운 거야."

아버지는 내가 공무원이 되기를 원하셨다. 승무원이란 직업은 안정적이지도 않고, 승무원 일을 했다고 해서 나중에 도움 될 게 없다는 것이 아버지의 판단이었다. 큰오빠가 중재자로 나서서 문제를 해결하는 데 도움을 주었다. 오빠는 "승무원도 괜찮은 직업이다. 본인이 원하는 일을 하도록 하는 게 어떻겠냐."며 아버지를 설득했다.

그러나 아버지는 내가 홍콩으로 출국하는 날까지도 공항에 나와 "지금이라도 늦지 않았으니 집에 가자."며 날 붙잡았다. 홍콩에 도착한 뒤 매일 아버지의 편지가 날아들었다. 이메일이란 게 없었던 시절, 아버지는 편지지에 손수 글을 써서 딸의 마음을 돌려 보려고 애썼다. 편지에는 빨리 와라, 그만둬라 하는 내용들이 적혀 있었다.

부모님은 잠자리가 바뀌는 걸 가장 걱정하셨다. 하지만 사실 나는 여기저기 돌아다니며 호텔에서 자는 게 그리 나쁘지 않았다. 믿거나 말거나 같은 괴담으로 들릴지 모르겠으나, 승무원들 사이에는 어느 나라 무슨 호텔에서 귀신을 보았다는 얘기들이 꽤 있다. 나도 그런 경험을 했다. 타이베이에 있는 장개석 호텔에서 체크인을 하는데 동료들이 굳이 커넥팅 룸(객실 사이에 문이 있어 옆방으로 이동하기 쉬운 방)을 달라고 했다. 영문을 몰라 어리둥절하는 내게 한 승무원이 이유를 설명해 주었다. "너 몰라? 이 호텔에 귀신 나와." 나는 그런 게 어디 있느냐며 동료들의 기우를 일축해 버렸다.

그날 밤 나는 자다가 이상한 소리에 눈을 떴다. 욕실에서 '찌익' 하고 쇠끼리 부딪치는 소리가 들렸다. 화장실도 이용할 겸해서 가 보니 내가 걷어 놓은 샤워 커튼이 펼쳐져 있었다. 긴가민가하며 평소 습관대로 다시 커튼을 한쪽으로 밀어 놓고는 잠을 청했다. 그런데 조금 있다가 또 이상한 소리가 들렸다. 불현듯 두려움이 밀려왔다. 망설이다가 욕실 문을 열어 보니 샤워 커튼이 다시 쳐져 있는 게 아닌가. 나는 얼른 동료에게 전화를 걸고는 그 방으로 잠자리를 옮겼다. 그 뒤로는 어지간하면 타이베이 노선은 턴어라운드(잠을 자지 않고 다시 돌아오는 비행)로 스케줄을 조정했다.

나는 솔직히 말하면 승무원에 대한 환상을 갖고 출발했다. 그러나 내가 맞닥뜨린 현실은 트레이닝 과정에서부터 고단했다. 오전 9시부터 오후 5시까지 영어로 진행되는 교육, 날마다 보는 시험. 트레이닝 과정에서 떨어지면 당장 한국으로 되돌아가야 했기에 나는 또다시 죽도록 공부했다.

처음 6개월 동안은 정신없이 일했다. 어느 날 승객 한 분이 초짜 승무원인 나에게 "보카토닉 플리즈"라고 했다. '보카가 뭐지?' 도무지 감을 잡을 수가 없어 나는 그 승객에게 보카가 뭐냐고 물었다. 손님은 나를 이상하다는 듯이 쳐다봤다. 나는 정말 모르겠다는 눈빛으로 그 승객을 바라보며 다시 "보카가 뭔지 설명해 주시겠어요?" 하고 물었다. 그는 카트를 들여다보더니 보드카를 가리켰다.

'이런, 그럼 보드카라고 해야지, 보카가 뭐야.'

처음에는 다국적 승객들의 입에서 나오는 낯선 발음을 이해하는 게 쉽지 않았다. 프랑스 손님이 "오항지 주스"라고 하거나 일본 손님이 "코히"라고 하는 것, 또 홍콩 손님이 "챠~"라고 할 때마다 나는 "그게 뭐예요?"를 연발했다.

트레이닝 기간에 배웠던 것도 현실로 닥치니 당혹스럽기만 했다. 하루는 어떤 손님이 "비행기를 타면 호흡 곤란이 올 때가 있다."고 내게 알려 주면서, 이상 징후가 나타나면 바로 부를 테니까 산소호흡기를 갖다 달라고 부탁했다. 나는 마음의 준비를 하고 있었다. 그런데 막상 내 눈앞에서 숨을 헉헉거리는 손님을 본 순간, 가슴이 철렁 내려앉고 머릿속이 하얘져 아무것도 생각이 나질 않았다. 나는 급히 갤리로 뛰어가 시니어 언니에게 상황을 설명했고, 노련한 언니가 대신 나서서 뒷수습을 했다.

혼날 각오를 하고 있던 내게 그 언니는 뜻밖에도 "자신 없다고 솔직하게 말한 건 잘한 행동"이라고 얘기하는 게 아닌가. 도움을 청하는 것도 그 나름의 대처 방법으로 이해해 준 것이다.

너, 그만두는 게 어때?

캐세이 퍼시픽 항공사는 아시아 11개국 승무원들이 모여서 일을 한다. 어느 직장이나 마찬가지겠지만 직장 생활에서 가장 힘든 건 함께 일하는 동료와 마찰이 생길 때일 거다. 승무원들은 매 비행마다 다른 동료 승무원들과 일하기 때문에 부딪치는 기회가 적기는 해도 서로 다른 문화권에서 온 동료들과 함께 일하다 보면 갈등이 생기기도 한다.

나와 문화적 배경이 다른 사람들과 생활하고 같이 일한다는 게 그리 쉬운 건 아니다. 내가 잘못하지 않은 일에 대해서 설명할 때 사무장의 눈을 보지 않아 마치 내가 변명을 하는 것처럼 오해를 받은 적도 있다. 이런 게 문화 차이에서 빚어진 오해다. 하지만 시간이 흐르면서 "다르다고 해서 틀리다고 말할 수 없다."는 사실을 깨우치게 되었다.

일을 시작하고 나서 1년 반쯤 지났을 때, 예기치 않은 사고로 내 승무원 생활에 암운이 드리웠다. 그날 나는 서울에서 홍콩으로 돌아가는 비행기의 2층 객실에서 일을 하고 있었다. 어떤 탑승객이 커다란 가방을 계단에 놓고 자기 자리로 갔다. 무거운 짐을 옮길 때에는 허리를 조심해야 하는데, 너무 바쁜 나머지 무심코 가방을 들다가 허리를 삐끗했다. 내 업무를 대신해 줄 사람도 없었던 터라 쉬지도 못하고 일을 해야 했다. 그렇게 비행을 마치고 숙소로 돌아왔는데, 그 다음 날 일어날 수가 없었다. 팔도 움직이지 못할 만큼 몸이 말을 듣지 않았다.

회사 병원의 의사가 당분간 비행을 하지 말고 물리 치료를 받으라고 했다. 침을 맞아야겠다는 생각에 나는 한국행을 택했다. 병원에서 MRI를 찍어 보니 요추의 연골 상태가 본래 정상이 아니었다는 진단이 나왔다. 의사는 디스크에 걸릴 위험이 있으니 승무원 일을 그만두라고 했다. 20일쯤 비행을 쉬면서 어떻게 해야 하나 고민에 빠졌다. 하지만 '이 일은 내 천직인데…' 하는 생각 때문에 쉽사리 결정을 내릴 수가 없었다.

허리를 다치고 난 뒤 다시 비즈니스 클래스에서 일을 할 때였다. 무거운 커피포트를 승객 등받이에 올려놓고 서비스하는 내 모습을 보고 태국인 사무장이 질책을 했다. 나는 내 잘못을 인정하고, 허리가 아파서 그랬노라고 해명을 했다. 그러자 대뜸 사무장이 내게 다그쳤다. "너 그만두는 게 어때?"

나는 그 말을 듣고 결국 눈물을 쏟고 말았다. 비행기 안에서 일을 하려면 무거운 것도 끌고 들기도 해야 하는데, 비행을 한번 하고 나면 몸이 아파서 그 다음 비행을 거의 못 나갈 지경이었다. 잘하고 싶었지만 몸이 받쳐 주질 않았다. 더 이상은 안 되겠다 싶었다. 평생 홍콩에서 살 것도 아니고, 어차피 한국에 돌아갈 거라면 젊을 때 가서 다른 경력을 쌓자고 결심했다.

내가 그만둔다는 소리를 듣고 자세한 내막을 모르던 시니어 언니는 "네가 아직 한국에서 조직 사회의 쓴맛을 못 봐서 그래. 이것만큼 편한 직업이 어디 있어."라며 퇴직을 말리기도 했다. 한국에 가서 뭘 할 거냐며 걱정하는 친구들도 있었다. 나는 막연히 '가서 부딪쳐 보면 길이 있겠지' 하는 생각만 했다.

:: ANC에 근무할 당시 캠코더로 학생들이 인터뷰하는 모습을 찍어 가며 수업했다. 학생들은 인터뷰 하는 자신의 자세와 표정, 몸짓을 모르므로 캠코더로 찍어 보여 주면 충격은 받지만 자신을 돌아보고 수정할 수 있는 자극제가 된다.

　　달콤한 휴식도 잠시, 나는 곧 일을 그만둔 걸 후회했다. 내 아버지는 비행을 다닐 때에도 스케줄을 확인해 "잘 갔다 와라, 잘 다녀왔니?" 하며 국제 전화를 걸던 분이었다. 아버지의 그런 관심과 기대는 내게 압박으로 다가왔다. 바람도 쐴 겸 나는 홍콩으로 여행을 떠났다. 자신이 내린 결정에 책임을 져야 한다는 결론을 안고 한국에 돌아온 뒤, 난 승무원 양성 학원에 가서 면접을 봤다. 학원에서는 내가 그 학원에 다닐 때 기록했던 노트를 보고 이렇게 꼼꼼한 사람이라면 잘 가르치겠구나 싶어 날 채용했다고 한다. 그때부터 난 10년 남짓 승무원 양성 학원에서 영어 인터뷰 강사와 면접관으로 일했다.

승무원 되는 데 천만 원이 든다?

　　승무원 양성 학원에서는 영어 인터뷰, 한국어 인터뷰, 메이크업 요령, 매너 스킬, 영문법과 독해 등을 가르친다. 보통 3개월 코스가 정규 과정이다.

승무원이 되기 위해 꼭 학원에 다녀야 하는가? 만약 국내 항공사만을 목표로 하고 있다면 굳이 학원에 다닐 필요가 없다고 말하고 싶다. 요즘에는 인터넷이 발달해 유용한 정보를 쉽게 접할 수 있고, 커뮤니티도 수두룩하다.

외국 항공사들은 아무리 호감 가는 인상을 가진 지원자라 하더라도, 영어로 의사소통이 곤란하거나 성격이 서비스직과 맞지 않으면 면접에서 좋은 결과를 얻기가 힘들다. 특히 유럽 항공사들은 유머 감각 있고 쿨한 사람을 선호한다.

항공사에서 승무원을 선발할 때 키 제한 규정을 두는 것은 미적인 차원에서뿐만 아니라 업무와도 연관이 있다. 기내 선반에 짐을 올려놓는 것도 승무원이 해야 할 일이기 때문이다. 요즘에는 키 대신 팔을 위로 쭉 뻗었을 때의 전신 길이를 따지는 항공사들도 있다. 이를테면 캐세이 퍼시픽 항공은 팔을 뻗었을 때의 길이가 208센티미터, 에미레이트는 212센티미터, 에티하드는 214센티미터로 규정하고 있다.

몸무게에 관련된 채용 에피소드 한 가지. 1998년 에미레이트 항공에서 처음으로 한국인 승무원을 뽑을 때, 본사 직원들이 한국 여자들의 체형을 잘 몰라서 마른 사람들을 다 떨어뜨렸다. 그러자 이듬해부터 지원자들은 몸에 모래주머니를 달고 응시하기 시작했다. 하지만 승무원을 희망하는 한국 여자들이 대부분 말랐다는 사실을 알고 나서는 몸무게가 적게 나가는 걸 심각한 결격 사유로 간주하지 않게 되었다.

최근에는 피부와 치아 상태를 많이 본다. 오전 10시경 커튼을 활짝 열고 햇빛이 환하게 들어오는 자리에 승무원 지망생들을 세워 놓고서 면접을 실시한다. 화장을 해도 자연광에 노출되면 피부 상태가 적나라

하게 드러난다. 승무원은 기후가 다른 곳을 왔다 갔다 하기 때문에 피부가 예민해져 트러블이 생기기 쉽다. 평소에 얼굴에 뾰루지가 잘 난다든지, 피부 트러블이 심한 타입은 곤란하다. 얼굴에 피부 트러블이 생기면 화장으로도 감출 수 없으므로 비행을 할 수 없다. 얼굴에 여드름 자국이 깊게 팬 사람도 서비스 직종인 승무원 분야에서는 부적합 판정을 받는다.

승무원이 정말로 되고 싶은데 외모 때문에 스트레스 받고 자신감 잃는 사람들을 보면 나는 고칠 수 있는 건 고치라고 조언을 한다. 흉터나 들쭉날쭉한 치열은 교정이 가능하니까. 하지만 치료나 수술로도 문제가 해결되지 않을 법한 경우에는 솔직히 말을 한다. 한번은 어떤 승무원 지망생이 학원에 등록했는데 화상 흉터가 팔 전체에 남아 있었다. 안타깝지만 사실대로 이야기를 하고 그 학생을 돌려보낸 적이 있다.

"승무원 되려면 천만 원은 기본이에요."

승무원 지망생들이 우스갯소리처럼 내게 이런 말을 했다. 외모를 개선하기 위해 치아 교정을 하고 흉터 수술이나 라식 수술을 받는 경우에 이 말은 사실이다. 그것 말고도 면접용 전신 사진 촬영, 메이크업과 머리 손질, 옷 장만, 학원비나 개인 교습 비용까지 이래저래 들어가는 돈이 많기는 하다. 살 빼려고 한약을 먹는 사람, 시시때때로 있는 승무원 시험 때문에 정규직으로 회사에 들어가지 못하는 사람 등 주변에서 승무원이 되기 위해 노력하다가 상처 받는 사람들을 보면 '승무원이 뭔데…' 싶어 눈물겹다. 8년 동안 절치부심한 끝에 마침내 승무원의 꿈을 이룬 이가 있었다. 나는 그 학생에게 '인간 승리'라는 말을 해주었다.

:: ANC는 외국 항공사의 승무원 선발 면접 대행도 하는데 나도 면접관으로 일했다. 하루 내내 진행되는 면접 인터뷰가 끝나면 현지 외국 항공사의 면접관들은 지원자들에 대한 피드백을 하면서 수다로 피로를 푼다. 내가 "오늘 시험 본 지원자들 다 뽑아 줘."라고 했더니 현지 면접관이 웃어 버렸다.

필요한 말을 골라 하라

영어를 잘하는 것과 면접을 잘하는 것은 별개의 문제다. 면접관의 질문에 답하는 말을 들으면 그 사람의 성격이 파악된다. 외국 항공사들은 최종 면접을 할 때 개인마다 40여 분에 걸쳐 심도 있게 인터뷰를 한다. 침착하고 적극적인 태도로 임하는 게 면접을 잘하는 비결이라면 비결이다. 질문을 잘 이해하지 못했으면 동문서답을 하지 말고 다시 말해 달라고 부탁하는 편이 더 낫다. 또 '내가 이런 말을 하면 혹시 면접관이 싫어하지 않을까' 하며 미리 주눅이 들어 소신껏 말을 못 하고 모범답안 같은 뻔한 대답을 하는 경우도 흔히 본다. 면접 장소에서는 당당하고 뻔뻔스러워질 필요가 있다. 반대로 승무원이 되고자 하는 열망이

:: 결혼기념일에 타국에 있어서 외롭다고 투덜거리던 면접관 란다(Randa). 그녀를 위해 깜짝 파티를 열어 주었다. 이렇게 기분을 '업'시켜 줬으니 우리 지원자들 다 데려가 주면 좋겠구만.

너무 강해서 '이번에 불합격하면 죽어 버릴 거야' 하는 마음으로 면접에 임하는 지망생들도 있는데, 조바심을 내고 지나치게 행동하는 것도 역효과를 불러올 수 있다. "저 사람은 인내심이 없어 보이고 부담스럽다."는 부정적인 평가를 받을 수 있기 때문이다.

"나만 그 상사를 싫어한 게 아니라 다른 사람들도 모두 싫어했거든요."

이런 식으로 자기 방어를 하며 물귀신 작전을 쓰는 것도 감점 요인이다. 외국 면접관들이 의아하게 여기는 점 가운데 하나가 한국 사람들은 왜 그렇게 나이를 따지느냐는 것이다. 면접관이 같이 일했던 시니어에 대해 이야기해 보라고 하면 한국 사람들은 십중팔구 "그 시니어는 나보다 세 살이 많았는데…"라며 나이 얘기부터 시작한단다. 외국인들은 우리나라의 문화를 알지 못하기 때문에 왜 자꾸 나이를 들먹이는지 이해하지 못한다. 따라서 문화적 차이에서 오는 오해를 피하기 위해서

:: 실전 모의 면접을 한 후 학생들과 함께. 실제 면접 때처럼 화장을 하고 복장까지 다 갖추고 연습을 한다. 모의 면접이지만 쉽지 않다.

는 불필요한 말은 하지 않는 게 좋다.

외국 항공사에서는 영어로 에세이 쓰는 시험을 치르기도 한다. 영작문은 처음부터 끝까지 주제를 끌고 나가는 일관성과 읽는 사람이 이해할 수 있는 표현을 사용하는 것이 중요하다. 그룹 토의를 할 때는 면접관의 지시 사항을 충분히 이해하고 따르는지, 그룹원과는 토론 진행 상황의 흐름을 잘 타는지가 핵심이다. 승무원 일을 하고 싶다면 호텔이나 학원, 하다못해 패스트푸드점 같은 곳에서 사람을 많이 상대하며 일해 본 경력을 갖고 있는 것이 유리하다.

승무원 양성 학원 광고를 보면 '외항사 채용 대행'이니 '외항사 특채'니 하는 문구가 나온다. 채용 대행은 학원에서 외국 항공사의 공채 업무를 대행해 주는 것이다. 외국 항공사의 직원들이 한국에 와서 최종 면접을 하기 전에 공채 대행 계약을 맺은 학원에서 1, 2차 면접을 실시한다. 그 학원에 다니지 않는 사람도 응시할 수 있으나, 면접 장소는 대행을 하는 학원이며 그 학원의 관계자가 후보자들을 걸러 낸다. '특채'는 그 학원의 수강생들에게만 선발 기회를 주는 경우를 말한다. 만일 특정 항공사에 꼭 들어가고 싶다면, 그 항공사와 특채 계약을 맺은 학원을 선택하는 것도 승무원의 꿈을 이루는 길이 될 수 있다.

"선생님, 제가 몇 년 준비했는지 아시잖아요."

면접에서 탈락한 뒤 울면서 날 원망하는 학원생들을 보면 마음이 아프다. 그래서 나는 2003년부터는 아예 면접관 일을 하지 않는다. 외국인 면접관을 만날 기회조차 얻지 못하고 자꾸 1, 2차 면접에서 떨어지는 지망생들은 비행기를 타고 외국으로 날아가기도 한다.

대행사를 거치지 않고 본사 면접관을 직접 만날 수 있는 날을 '오픈 데이'라고 한다. 외국 항공사의 홈페이지를 보면 날짜와 도시, 호텔 이름과 함께 오픈 데이 일정이 뜬다. 지원서를 갖고 현지로 날아간 지망생들은 보통 5일 정도 체류하면서 면접관을 만나고 오는데, 요즘은 오픈 데이에 맞춰 외국으로 가서 합격하는 승무원들이 늘고 있다. 하지만 동남아 지역에서 하는 오픈 데이는 한국에서처럼 대행사가 개입되어 있는 경우가 많기 때문에 오픈 데이에 가기 전에 대행사의 개입 여부를 확인해야 한다. 만일 대행사가 끼어 있다면 한국처럼 대행사의 면접을 통과해야만 현지 면접관과 만날 수 있는 기회가 주어지기 때문이다.

더 많이 알고 더 많이 인내해야

강사로 생활하면서 '가르친다'는 것이 '더 많이 알고 더 많이 인내해야 한다'는 말과 일맥상통한다는 것을 깨달았다. 나는 오랫동안 몸담

앴던 학원을 그만두고 2년 전부터 프리랜서로 개인 교습을 하고 있다. 학원 측에서 저녁 수업까지 맡아 주기를 원했지만, 아이 양육 문제가 걸려 직장을 그만두었다. 처음에는 커피숍에서 승무원 지망생을 만나 인터뷰 교육을 했는데, 강의실에서 30~40명씩 가르치는 학원과는 달리 알차고 재미있게 시간을 보낼 수 있어 좋았다. 그 후 혼자서도 할 수 있겠다는 자신감이 생겨 이태원에 작은 사무실을 마련했다. 앞으로 영역을 넓혀서 승무원 지망생들은 물론이고 외국인 회사에 들어가고자 하는 사람들에게 영어 인터뷰 교육을 할 계획이다.

승무원은 체력도 강해야 하지만 무엇보다도 마음이 강해야 한다. 비행을 하다 보면 별의별 일이 다 일어나는데 사실 심약한 사람은 견디기 어려운 경우도 많다. 실제로 1년 동안 준비하고서 합격을 했는데 3개월 만에 나하고 맞지 않는 것 같다며 승무원 생활을 접는 사람도 보았다. 나는 승무원이 되겠다고 하는 사람들에게 "뜨뜻미지근하게 할 거면 아예 시작하지도 마라."고 충고한다.

(구술 정리 : 임진숙)

1. Be yourself.

면접관이 원하는 대답만 하거나 자기 색깔 없이 듣기 좋은 말만 하지 마라. 실제로 면접관들은 인터뷰 전에 이런 점을 강조한다.

"Don't pretend to be nice. Just be yourself. That's what we are looking for."

답변을 들어 보면 면접자의 성격이 드러나는 것은 너무나 자연스러운 이치다. 꼬리처럼 이어지는 질문에 대처를 잘하려면 그냥 있는 그대로의 '나'를 보여 주어야 한다.

2. Be logical.

한국어와 영어의 가장 큰 차이점은 '결론을 언제 말하느냐'다. 한국어는 주변 상황을 먼저 말한 뒤 결론을 언급하지만, 영어는 결론부터 말하고 부연 설명을 한다. 영어로 말할 때 한국어의 구조로 답변을 하다 보면 자칫 질문을 잊어버릴 수도 있고, 이 말을 지금 왜 하고 있는지 스스로도 당황스러운 상황이 생기곤 한다.

3. Use positive expression.

"나는 긍정적인 사람입니다."라고 말하기는 아주 쉽다. 그러나 예를 들어서 답변을 해 보라고 하면 긍정적인 요소를 찾아내기가 힘들다. 이것도 어찌 보면 한국어 구조의 특성 때문에 나타나는 현상이기는 하지만 가급적 부정적인 표현을 자제하자.

예) 부정적인 표현 : If I hesitate to do something, I might miss a very valuable chance to develop myself.

긍정적인 표현 : I regard every moment as a learning zone. This attitude can give me a very valuable chance to develop myself.

4. Take a moment to think before you answer.

성격이 급한 건 그리 좋은 모습이 아니다. 질문을 주의 깊게 듣고, 적절한 예시나 내용을 말하기 위해서 생각할 시간을 갖는 것이 좋다. 그만큼 인터뷰에 임하는 자세가 진지하고 성실해 보이기도 한다. 그러나 성격이 급한 사람은 질문이 채 끝나기도 전에 벌써 말할 준비 단계로 숨을 들이쉬거나, 생각해 볼 겨를도 없이 바로 답변으로 넘어간다. 그럼 '준비한 답변이군' 또는 '충분히 생각하지 않는군' 하는 오해를 받을 수 있다.

5. Be confident.

면접은 대화 형식으로 이루어진다. 대화를 할 때 친근한 인상을 주며, 명확하고 즐겁게 의미 전달을 하는 사람에게 호감을 느끼는 것은 당연지사다. 반대로 우물우물하며 횡설수설하거나 자기가 하고 싶은 말만 하는 사람과는 대화를 이어나가고 싶은 기분이 반감되기 마련이다. 인터뷰도 사람과 사람이 서로 대화를 나누듯 자연스러운 분위기를 만들어 내는 것이 중요하다.

승무원 경험을 자산으로
서비스와 매너를 전파하다

| 정혜전 |

1966년생. 인하공전 항공운항과와 방송통신대 경영학과를 졸업했다. 1986년 대한항공 승무원으로 입사해 8년 동안 비행했으며, 1990~1993년까지 대통령 특별기(코드 원)에서 기내 서비스를 담당했다. 1998년 피엔티컨설팅 회사를 설립, 개인과 기업의 이미지 경쟁력을 높이는 컨설팅과 교육 업무를 하고 있다. 저서로 『나를 리모델링한다』『상대방의 마음을 사로잡는 유머의 기술』『회사의 운명을 결정하는 서비스 마케팅』『행복을 사로잡는 말 한마디』『발칙한 여자들의 성공 레시피』가 있다.

강남의 모 백화점 문화 센터에 개설한 '정혜전의 노블 화법' 강좌, 기업체 연수 교육 프로그램 개발, 창조 경영 벤치마킹 두바이 연수 프로그램 등은 최근 내가 국내외를 오가며 해 온 일들이다. 나는 낮에는 기업체나 공공 기관, 사회 단체에서 강의를 하고, 저녁에는 컨설팅 회사의 영업 활동을 펼치느라 하루 24시간을 쪼개어 써도 모자란다. 내가 직장인들은 물론이고 아주머니들에게까지 서비스 매너 교육, 리더십 교육, 커뮤니케이션 교육 강사로 이름을 얻게 된 배경을 거슬러 올라가면 그 출발점에 '승무원 정혜전'이 있다.

학창 시절부터 난 승무원을 꿈꿨다. 그때는 승무원이 인기 직업 1위에 오를 만큼 대단히 주목 받는 분야였다. 나는 승무원이 되려고 인하공전 항공운항과에 입학했다. 당시엔 대한항공에서 1년에 한 번 항공

운항과 학생들을 대상으로 특별 전형을 실시해 여 승무원을 뽑았다. 나는 학교 추천으로 대한항공 승무원 시험에 응시해 합격했다.

견습 비행(OJT)으로 나가게 된 곳은 LA. 나는 설렘과 긴장 속에서 첫 비행을 맞았다. 비행기를 탄다는 것, 해외에 나간다는 것, 소원을 이루었다는 것 등 그 모든 사실이 나를 들뜨게 했다. 실무 교육을 받긴 했지만 실제로 비행을 나간다고 생각하니 긴장이 되어 출발하기 전날 밤에는 잠도 잘 오지 않았다. 내가 특별히 성적이 좋아서 국제선에 배치된 건 아니었는데도, 부모님은 내가 영어를 잘해서 뽑힌 줄 알고 "우리 딸이 첫 비행을 미국으로 간다."며 주위 사람들에게 무척이나 자랑을 했다.

브리핑, 비행 준비, 승객 탑승, 서비스 등 절차는 교육 받은 그대로 진행되었으나 이론으로 배워서 익힌 것과 실제 상황은 차이가 있었다. 난 그날 11시간 가까이 물과 빵 하나로 버텼다. 비행기에서는 승객에게 식사 서비스를 하고 나서 승무원들이 돌아가며 밥을 먹는데, 견습생인 나는 선배가 먹으라고 해야 밥을 먹는 줄만 알았다. 돌이켜 보면 참으로 순진한 새내기였다. LA에 거의 도착할 무렵 선배에게 "저, 밥 좀 먹어도 되나요?"라고 물어보았다가 "밥은 네가 챙겨 먹어야지, 누가 챙겨 주냐?"며 혼쭐이 났다.

그때만 하더라도 기수에 따른 선후배 관계가 엄격했다. 그런데 내가 선배가 되니까 시대가 달라져 승무원들 사이에도 개인주의 문화가 자리 잡았다. 내가 신입 승무원일 때에는 비행 후에도 선배의 말을 따라야 하는 줄 알았는데, 요즘 후배들은 일 이외에는 간섭 받는 걸 원치 않는다. 그 때문에 비행이 끝나면 자기가 하기 싫은 건 안 해도 된다는 사고가 지배적이어서, 비행을 마치고 외국 도시에 도착해 후배에게

"밥 먹자."고 하면 "전 자야 해요."라는 대답을 듣기 일쑤였다. 그래서 때때로 동기들끼리 모이면 "우리는 위에서 당하고, 아래서 당하고."라며 전환기 세대의 애환을 토로하기도 했다.

스튜어디스는 언제 나오는 거요?

해외여행이 보편화되면서 이젠 사람들이 승무원을 특별한 사람으로 보지 않는다. 그러나 내가 승무원으로 일하던 무렵에는 승무원하면 거의 연예인 버금가는 이미지로 받아들여졌다. 미스코리아 대회에 출전한 미인들이 너도나도 승무원이 되고 싶다는 장래 희망을 밝힐 정도였으니까 말이다. 실제로 과거에는 미스코리아 출신들이 승무원이 된 경우가 적지 않았다.

1980년대 중반 비행기 안에서 일어났던 실화다. 어떤 할아버지가 식사를 마친 뒤 여 승무원을 불러서 물었다.

"스튜어디스는 언제 나오는 거요?"

그 할아버지는 기내에서 음료도 서비스하고 밥도 챙겨 준 사람이 진짜 스튜어디스인 줄 모르고 '식모'쯤으로만 여겼던 모양이다. 한복 입고 우아하게 왔다 갔다 하는 예쁜 아가씨들을 기다리던 할아버지는 급기야 스튜어디스가 왜 안 나오냐고 물었던 것이다.

마음 아픈 기억도 있다. 예전에는 인솔자 손에 이끌려 해외로 입양 가는 아이들이 많았다. 안쓰러운 마음에 비행기에 있는 동안 신경 써서 보살펴 주었더니 아이들은 내릴 때 승무원과 떨어지지 않으려고 떼를 썼다. 아무리 나이가 어려도 외국 공항에 도착하면 자기가 낯선 곳에

와 있다는 사실을 아는 데다, 노란 머리를 한 아주머니, 아저씨가 다가와 데려가려고 하니 아이들이 울고불고 난리를 칠 수밖에. 갓난아기부터 서너 살 난 아이들까지 한국의 입양아들이 이국땅에서 목 놓아 우는 모습은 너무 가슴 아픈 풍경이었다.

기내 승객들의 이모저모를 담아서 〈그때를 아십니까?〉 같은 TV 다큐멘터리를 만들면 어떤 광경이 펼쳐질까. 과거에는 기내에 흡연석과 금연석이 따로 지정되어 있었다. 그런데 금연석 티켓을 끊고 흡연석 구역에 가서 담배를 피우는 얌체 승객들이 꼭 있었다. 기내를 오락가락하며 담배를 피우는 골초 승객들은 흡연자들에게도 눈총을 받는 불청객이었다. 기내에서는 연기가 금세 빠지지 않기 때문에 흡연자들이 담배를 피우면 뒷좌석 쪽에 연기가 자욱했다.

또 기내 맨 뒤 넓은 공간에다 아예 담요를 깔아 놓고 앉아서 고스톱판을 벌이는 아저씨 승객들도 있었다. 양주가 귀하던 시절, 그 아저씨 승객들은 화투를 치면서 한술 더 떠 공짜 술을 마구 들이켰다. 비행기 안에서는 기압이 높아 맥주를 마셔도 금세 취한다. 이게 웬 떡이냐 하며 술을 마시다 인사불성이 되어 끝내 산소마스크 신세를 진 승객도 있었다. 해외여행이 보편화되고 기내 에티켓에 대한 홍보도 많이 이루어져 지금은 그렇게 몰상식하고 꼴불견인 승객은 없을 거다.

멋진 유니폼을 입고 전 세계를 돌아다니는 모습은 승무원의 화려한 단면일 뿐이다. 승무원은 비행기 안에서 고된 일을 하는 사람이다. 비행기를 많이 타 본 승객들은 승무원들이 기내에서 하는 일이 힘들다는 걸 알고 고생한다거나 안됐다는 격려의 말을 한다.

환상과 동경만으로 승무원 세계에 발을 들여놓은 사람들은 비행을 오래하지 못한다. 승무원으로 일을 하려면 물론 외모가 어느 정도 받쳐

쥐야 하지만, 그것보다 더 중요한 건 투철한 직업의식과 체력이 없으면
할 수 없다.

올림머리 모델과 코드 원 승무원

유니폼 차림으로 올림머리를 한 채 꼿꼿한 자세로 핸드캐리어를 끌
고 가는 모습. 이게 일반 사람들이 여 승무원하면 떠올리는 전형적인
이미지가 아닐까? 1980년대 후반까지만 해도 여 승무원들은 머리를 길
게 기르지 못했다. 승객들에게 단정하고 깔끔한 모습을 보여 줘야 하는
승무원들이지만, 한창 멋을 부리고 싶은 나이에 남들처럼 파마도 하고
긴 머리를 찰랑찰랑 늘어뜨리고 싶은 욕구가 왜 없으랴. 승무원들은 규
정대로 단발머리만 하고 다니다가 머리를 기르게 해 달라고 회사에 건
의를 했다. 그러자 회사 측에서는 머리를 기를 수는 있지만 뒤로 올려
단정하게 망으로 씌우는 스타일을 허용했다.

새로운 규정이 생긴 뒤 나는 '올림머리 모델'이라는 이색 경험을 했
다. 승무원들은 비행을 나가기 전에 옷을 갈아입고 머리도 매만지는 방
이 있는데, 그 방 벽에 한동안 내 사진이 걸려 있었다. 올림머리를 어
떻게 하는지 승무원들에게 보여 주기 위한 샘플로 내 사진이 쓰인 것
이다. 유니폼이 바뀌었을 때 다른 승무원 몇 명과 함께 회장님 앞에서
의상 모델로 선 적이 있는데, 나도 모르게 헤어 모델까지 한 셈이다.

특별한 경험이라면 대통령 특별기인 코드 원 승무원으로 일한 것도
빠뜨릴 수가 없다. 나는 1990년부터 1993년까지 코드 원 승무원으로
선발되어 대통령과 국정 수행원들이 탑승한 특별기에서 기내 서비스를

담당했다. 회사에서 추천한 승무원이라고 해서 모두 대통령 특별기에서 일할 수 있는 건 아니고, 청와대의 신원 조회 절차를 거쳐야 한다. 일을 하며 직장에서 인정받는 것은 기분 좋은 일임에는 틀림없다. 그러나 대통령 특별기에서 근무하는 것은 정신적으로 두 배는 힘들고, 긴장감도 훨씬 더 크다. 대개 대통령의 해외 순방 일정이 잡히면 비행 스케줄을 빼고 보름 정도 준비 과정에 들어간다. 당연히 보안 교육도 따로 받는다.

누군가 내게 수많은 승무원들 가운데 코드 원 승무원으로 뽑힌 이유가 무엇이냐고 질문한다면, 나는 매뉴얼(업무 규정집)을 지키려고 했고 눈치 보지 않고 최선을 다해 일했기 때문이라고 말하고 싶다. 지금도 마찬가지지만 나는 누가 있을 때나 없을 때나 열심히 일한다. 아마 당시에도 나의 그런 우직한 모습이 상사들에게 좋은 인상을 준 듯하다. 코드 원 승무원 경력이 지금까지도 나의 커리어에 도움이 되는 건 사실이다. 그러나 대통령 특별기에서 일했던 시절의 이야기는 외부인에게 함부로 발설해서는 안 되는 대외비다.

매너 교육 강사로 새 출발!

좋아서 시작한 승무원 일도 오래하다 보니 권태기가 찾아왔다. 나는 직장을 그만두고 대학교 1학년 때 만나 10년 동안 교제한 남자와 결혼했다. 그런데 웬걸 6개월쯤 쉬니까 답답하고 심심하고 몸이 근질근질했다. 뭐라도 하고 싶어 대한항공 예약부에서 파트타임으로 근무를 하면서 야간에는 승무원 양성 학원에 나가 면접 요령을 강의했다.

때마침 사회에 직장인을 위한 매너 교육 붐이 일기 시작했다. 어느 무역회사에서 내가 승무원으로 오래 일했다는 걸 알고서 직원들에게 매너 교육을 해 주면 어떻겠냐며 제안을 했다. 이런저런 고민을 하다가 2시간 강의니까 한번 시도해 보자는 생각이 들었다. 20명쯤 되는 직장인들 앞에서 강의를 하려니 처음에는 긴장이 돼서 사람들 얼굴도 잘 보이지 않았다. 인사하는 방법, 전화 걸고 받는 예절 등 직장인이 갖춰야 할 에티켓을 주로 설명하며 첫 서비스 교육을 별 무리 없이 마쳤다.

　그 뒤 알음알음 입소문이 나 다른 업체에서도 강의 의뢰가 들어왔다. 표정 관리하는 방법, 사람들과 눈을 마주치며 인사하는 요령, 바른 자세, 신발 끌지 않고 걷는 법, 정중하게 안내하는 방법 등 초창기에 내가 직장인들에게 강의한 내용은 대부분 승무원 생활을 하면서 배우고 터득한 것들이었다. 강의 요청이 지속적으로 이어지면서 활동 영역도 점차 넓어졌다. 일반 회사에서는 직장 매너를 가르치고, 서비스 업체에서는 고객 관리하는 법과 직장 매너를 함께 강의했다.

　프리랜서로 강의를 계속하다가 1998년에 사무실을 얻어 P&T (People&Training) 컨설팅 회사를 설립하고 본격적으로 사업을 시작했다. 직원도 채용하고 브로슈어도 만들었다. 올해로 강사 생활 14년째. 서비스 마케팅과 이미지 메이킹, 직장인의 매너, 인맥 관리, 커뮤니케이션 등 강의를 거듭할수록 노하우가 쌓이고 적용 범위도 넓어진다. 지금은 후배 강사에게 일반 강의를 맡기고 나는 프로그램 개발과 기획, 외부 특강, 영업 활동 중심으로 일하고 있다.

자신을 꾸준히 업그레이드하라

옛날에는 "승무원이 사회에 나와서 뭘 해?", "승무원 생활 오래 해 봤자 커피 나르는 것밖에 더 하겠어?" 하는 편견이 없지 않았다. 그러나 승무원은 현역으로 활동하는 동안에도, 퇴직한 후에도 할 수 있는 게 많은 직업이다. 나는 비즈니스 때문에 뒤늦게 골프를 배웠다. 승무원 시절 외국에서 체류할 때 5분만 걸어 나가면 골프를 칠 수 있는 여건이 됐는데, 왜 진작 배워 두지 않았을까 후회가 된다. 승무원들은 이 나라 저 나라를 다니며 앞선 정보와 흐름을 접할 수 있다. 관심을 기울이고 시간을 투자하면 얼마든지 자신의 시야를 넓히고 유용한 정보를 축적할 수가 있다.

내가 비행을 그만두고 결혼을 한 뒤에 사회에 복귀해서 강사로 왕성하게 활동할 수 있었던 것도 승무원 시절의 경험이 든든한 자산이 되었다. 내가 서비스 매너 강사로 일을 시작했을 때만 해도 강사가 많지 않았지만 지금은 오히려 포화 상태다. 항공사와 호텔에서 일하던 사람들이 그 사이 서비스 매너 교육 분야로 많이 진출을 했기 때문이다. 게다가 큰 기업체에서는 사내 강사를 두고 서비스 교육을 실시하고 있다. 입지가 좁아진 상황에서 자기 영역을 확실하게 구축하려면 승무원 시절의 경험만을 곶감 빼먹듯 해서는 안 된다. 꾸준히 공부를 하면서 자신을 업그레이드하고, 남들과 차별화된 교육 내용을 연구해야 뒤처지지 않는다.

나는 규모는 크지 않지만 회사를 운영하면서 경영학 공부를 해야겠다는 생각이 들어 7년 전에 방송통신대학교 경영학과에 입학했다. 사회활동과 병행하느라 졸업하는 데 5년이나 걸렸다. 그래도 중도 포기하지 않고 학과 과정을 마쳤고, 지금은 인터넷 온라인 교육 센터의 마케팅 MBA 과정에 등록해 공부를 계속하고 있다.

외부 강의를 나가면 종종 "선생님, 저서는요?" 하고 질문하는 사람들이 있었다. 내가 쓴 책이 하나도 없으니 안 되겠구나 싶어 출간 계획을 세웠다. 제안서 하나 쓰는 것도 쉽지 않았던 내가 책을 낸다는 건 꽤나 힘든 일이었다. 처음에는 출판사와 계약을 하고 나서 잠도 오지 않았다. 전화벨이 울리면 원고 독촉 전화인가 싶어 심장이 벌렁벌렁할 정도였다. 어렵사리 책을 출간하고 나니 다른 출판사에서 다시 제의가 들어왔다. 그렇게 한 권 한 권씩 내가 집필한 책이 늘어났다. 조금씩 노력을 하니까 글 쓰는 작업도 갈수록 쉬워졌다.

새로운 분야에 도전하는 걸 두려워했다면 나는 아마 강사로 성공하지 못했을 것이고, 책을 쓸 엄두도 내지 못했을 것이다. '안 해 본 거라서 못 하겠다'는 생각, 그리고 '못 하니까 안 한다'는 태도, 이런 것들은 자신의 발전을 막는 걸림돌일 뿐이다.

(구술 정리 : 임진숙)

승무원 날개가 이끌어 준
더 넓은 세상

| 장순자 |

1952년생. 숙명여고와 한국외국어대학교 영어과를 졸업한 뒤 1975년 대한항공 19기 승무원으로 입사해 3년
동안 비행했다. 결혼과 출산으로 공백기를 갖다가 1984년 신라호텔 영업기획팀에 재취업해 여성 고객들을
관리하는 업무를 담당했다. 1987년 한국공항공사로 스카우트되어 국제 협력 부장, 의전 팀장, 홍보 실장을
거쳐 현재 인력 개발 팀장으로 재직하고 있다. 2007년 1월 공사 창립 이래 1급으로 승진한 최초의 여성으로
세간의 주목을 받았다.

'공항, 설레는 마음이 시작되는 곳…'

지금 내 명함에는 이 문구와 함께 종이비행기가 나는 모습이 새겨
져 있다. 공항과 나는 참으로 인연이 깊다. 난 자그마치 만 25년 동안
이나 공항을 드나들었다. 여행을 하기 위해서가 아니라 일을 하러. 처
음에는 대한항공 승무원으로 비행하느라 김포공항을 들락날락했고, 지
금은 김포국제공항에 소재한 한국공항공사(김포공항을 비롯해 전국의
14개 공항을 관리 운영하는 공기업)에서 인력 개발 팀장으로 근무하느
라 공항을 오간다. 서울시 강서구 구의원에 출마해도 되지 않을까 싶을
만큼 그동안 내 거주지는 김포공항 근처를 크게 벗어나지 않았다.

돌아보면 대한항공 승무원 시절이 내 청춘의 전성기였던 것 같다.
지금도 공항에서 유니폼을 입고 지나다니는 승무원들을 보면 옛날 생각이 난다. 내가 일할 때에는 지금보다 승무원의 숫자가 훨씬 적어서 언제나 주목을 받았다. 항공사에 입사한 뒤 승무원용 교재를 들고 신촌 같은 곳에 돌아다닐라치면 남자들이 줄줄 쫓아왔을 정도로 승무원의 인기가 높았던 시절이다.

자리가 사람을 만든다고 공기업 고위직에 있다 보니 지금은 겉으로 풍기는 이미지가 다소 딱딱해진 감이 없지 않지만, 나는 원래 끼가 무척 많은 사람이다. 어렸을 때부터 부모님은 내가 원하는 거라면 아낌없이 지원을 해 주었다. 덕분에 예체능 교육이라면 온갖 것을 다 받았다. 초등학교 때 서울시립어린이합창단에서 활동한 것부터 시작해서 대학교 때까지도 난 끼를 발산하며 살았다.

대학교 때는 외대 방송국 아나운서로 활동해 교내에서 유명했고, 연극 '욕망이라는 이름의 전차'의 여주인공 역에 뽑혀 남자 주인공인 안성기 씨와 드라마 센터에서 공연을 하기도 했다. 이장호 감독과 고영남 감독에게서 영화 출연 제의를 받기도 했다. 누구나 가지 않은 길에 미련이 있듯이 나도 가끔은 '방송계나 연예계로 진출했으면 어땠을까?' 생각해 보기도 한다.

내가 승무원이 된 건 친한 친구의 영향이 컸다. 중학교 때부터 대학교까지 나와 같은 학교를 다닌 단짝 친구가 대한항공 승무원으로 먼저 입사를 했다. 그 친구가 비행을 갔다 와서 자랑삼아 내게 들려주던 이국 풍경들, 그리고 하와이에서 선물로 사다 준 외제 립스틱까지 모든 것들이 부러웠다. 나는 친구를 통해 세상에 그런 직업도 있다는 걸 알았고, 불현듯 나도 승무원이 되어 비행기를 타고 싶다는 생각이 들었다. 일반인이 해외에 쉽게 나갈 수 없었던 시절, 비행기가 취항하는 곳이면 세계 어디든 가서 며칠씩 있다가 올 수 있지, 미국 비자 받기도 어려운데 복수 여권 나오지, 난 승무원으로 일하는 그 친구가 무척이나 부러웠다.

"넌 키가 작아서 안 될걸."

친구의 말을 듣고 나니 은근히 오기가 생겼다. 내 키는 158센티미터. 지금은 대한항공 승무원의 자격 조건에 맞지 않지만, 그 당시에는 아슬아슬하게 커트라인에 걸린 키였다.

1975년 3월 25일 일요일, 대한항공 승무원 시험 날짜는 아직도 기억한다. 하필 그날은 MBC 아나운서 공채 시험과 일정이 겹쳤다. 어디로 갈까. 나는 양 갈래 길에서 고민했다. 결국 난 방송 스튜디오를 택하지 않고 '욕망이란 이름의 비행기'를 타기로 했다.

대한항공 수석 입사, 훈련원 수석 졸업

"1등으로 입사하신 분이군요."

연수를 받으러 훈련원 사무실에 갔더니, 직원이 19기 승무원 시험에서 내가 수석 합격했다는 사실을 알려 주었다. 공고를 낸 게 아니어서 나도 전혀 모르고 있던 사실이었다. 훈련원에서도 나는 1등 훈장을 달았다. 대학교에서 영어를 전공한 데다 일어를 제2외국어로 공부했기 때문에 훈련 기간 동안 언어 점수를 잘 받았고, 대학교 방송국에서 아나운서로 활동한 경험이 기내 방송 훈련에서 큰 도움이 되었다. 수료식 때 난 사장님 명의로 된 상장과 상패를 받았다. 우수한 성적 덕분이었을까, 회사에서는 훈련을 마친 뒤 비행 근무를 할 때에도 신규 노선이 생기면 먼저 타도록 배려해 주었다.

내가 승무원이 되어 외국을 자유롭게 오갈 수 있게 되자 누구보다도 집안 식구들이 좋아했다. 내 작은언니는 1972년에 미국으로 이민을 가 LA에서 살고 있었다. 멀리 떨어져 사는 가족이 보고 싶거나 소식이 궁금해도 서로 만나기가 힘들고 전화 통화도 마음껏 하기 어려운 때였다. 그래서 내가 미국으로 비행을 간다고 하면 양쪽에서 쌍수를 들고 환영했다. 나는 '사랑의 메신저'가 되어 한국과 미국을 오갔다. 언니가 챙겨 준 맛있는 음식을 아버지한테 갖다 드리고, 아버지의 편지를 언니한테 전해 주며 징검다리 역할을 했다. 언니는 미국 비행 일정이 잡히기만 하면 휴가를 내서 나와 여행을 가려고 벼르고 있었다.

나는 국제선을 타면서 남보다 빨리 선진 문물을 접하고, 국제적인 서비스 감각도 익히면서 만족스럽게 승무원 생활을 했다. 1977년에는 국제 행사에 참석해 모델 노릇까지 했다. 일본 오사카에서 열린 항공 박람회에 내가 대한항공 승무원 대표로 참여한 것이다. 세계 여러 나라의 항공사 승무원들이 모여 국제회의와 사진전을 개최했는데, 유니폼과 한복을 입은 내 모습이 박람회장에 걸리기도 했다. 그때 일본 사진기자가 찍어 준 대형 사진이 결혼 초까지만 해도 우리 집 한쪽 벽을 차지하고 있었다.

승무원 생활을 하는 동안 행복하고 유쾌한 일만 있었던 건 아니다. 간혹 기내에서 점잖지 못한 손님을 만날 때에는 곤혹스러웠다. 괜히 승무원한테 말을 걸고 싶어서 호출해 놓고 나중에 슬쩍 명함을 주는 손님들. 특히 1등석에 그런 손님들이 많았다. 일반인들은 승객과 승무원으로 만나 좋은 연을 맺을 수도 있겠거니 하고 생각할지도 모른다. 그러나 비행기라는 일터에서 만난 손님과 관계가 유지되는 건 극히 드문일이다. 그 당시 우리는 손님이 명함을 주면 받되 보이지 않는 곳에서

:: 승무원으로 일할 당시 전 세계 항공사 승무원 모델 촬영회에서 대한항공 대표로 참석하기도
했다(1977년 일본 오사카).

살짝 버리라고 선배들한테 배웠다. 점잖지 못한 손님들을 보면 나는 무
척 자존심이 상하고 싫었다.

수많은 승객들 가운데 지금까지 기억에 남는 사람이 있다. 내가 승
무원으로 일할 때 한창 중동 건설 붐이 일었다. 그래서 유럽 노선 비행
기들이 주로 중동을 거쳐서 갔다. 돈을 벌기 위해 열사의 나라에 가서
몇 년씩 귀국도 못 하고 일하는 중동 노무자들을 보면 마음이 짠했다.
그러던 어느 날 중동에서 30대 후반으로 보이는 남자가 한국으로 가는
비행기를 탔다. 누가 귀띔을 해 주었는데 부인이 바람나서 남편이 힘들
게 번 돈을 몽땅 가지고 아이들도 버린 채 도망을 갔다는 것이다. 그
충격으로 남자가 살짝 정신이 이상해졌다고 했다. 그 승객은 겉으로는
멀쩡해 보였지만 자꾸 기내를 왔다 갔다 하면서 매우 불안한 상태였다.
나는 그분에게 자리에 앉도록 권한 뒤 물을 한 잔 드리며 안정을 취할

:: 1978년 8월, 미국행 마지막 비
행에서 조종실 파일럿 석에 앉았다.

수 있도록 대화를 나눴다. 다행히 많이 진정이 돼서 한국에 도착했는
데, 그 후 소식이 지금도 가끔씩 궁금하다. 한국에 돌아와서 병이 치유
되었는지, 다시 행복한 가정을 이루었는지….

아침부터 밤까지 배우고 또 배우고

승무원으로 일한 지 3년쯤 지나자, 짐 보따리 싸서 이 나라 저 나라
로 왔다 갔다 하는 일상에 싫증이 났다. 시차 적응하는 것도, 밤에 잠
못 자고 일을 하는 것도 육체적으로 힘들었다. 스케줄이 일정하지 않아
무언가를 꾸준히 배우러 다니기 어렵다 보니, 비행을 마치고 돌아오면
친구들을 만나는 것 말고는 마땅히 할 일이 없었다. 생활의 리듬이 갑
자기 단절되었을 때 밀려오는 공허함 같은 게 생겼다.

내 또래 승무원들이 결혼한다고 하나둘씩 그만둘 무렵, 나도 회사에 사표를 냈다. 요즘이야 결혼한 승무원도 많고 자기 계발을 위해 대학원에 다니는 승무원들도 많지만, 예전에는 승무원들이 공부를 계속하거나 결혼을 하려면 퇴직해야 했다. 그래서 혼인 신고를 하지 않고 사실혼 관계를 유지하며 승무원 생활을 계속하는 사람도 있었다.

내가 갑자기 일을 그만두겠다고 하니까 회사 사람들이 놀랐다. 후배 승무원들에게 서비스 교육을 해 보라는 제안도 마다하고 난 퇴직 결정을 내렸다. 1978년 8월, 나의 마지막 비행 노선은 미국 LA였다. 비행을 한 다음 미국에서 휴가를 보내고 올 수 있도록 회사 측에서 해 준 배려였다. LA로 갈 때 마지막 비행이라고 하니까 기장님이 조종실에서 조종관을 잡고 기념사진을 찍을 수 있게 해 주셨다. 나는 미국에서 언니와 며칠 동안 회포를 풀고 귀국 비행기에 올랐다. 그러나 한국으로 돌아올 때에는 일을 하지 않고 다른 승객들처럼 동료의 서비스를 받으며 왔다. 그렇게 나는 승무원 시절을 마감했다.

일을 그만두고 맨 먼저 배움에 대한 갈증을 풀었다. 처음 6개월 동안 나는 아침부터 밤까지 미친 듯이 이것저것 배우러 다녔다. 테니스, 요리, 꽃꽂이 강습에다 일어와 영어 회화 공부까지. 거기에 더해 순복음교회 평신도 대학에서 성경 공부도 했다. 지칠 줄 모르고 뭔가를 배우며 시간을 보내다 스물아홉 살 되던 해에 친구 소개로 만난 남자와 결혼을 했다. 사람의 운명이란 참으로 묘하다. 결혼할 당시 남편은 영화사 사장이었는데, 알고 보니 그 영화사가 전에 내가 출연할 뻔한 영화를 제작한 곳이었다. 딸아이가 세 돌이 될 때까지 난 여느 주부들처럼 살았다. 그러다 평범한 일상이 행복하지 않을 즈음, 난 영국의 대처 수상이나 대한민국 항공회 김경오 총재 같은 여성들을 보며 가정과 사회생활을 양립하면서 나도 내 꿈을 이루고 싶다는 생각이 들었다. 그래서 어학 공부를 계속하는 한편, 현장 감각을 잃지 않으려고 틈틈이 국제회의에서 통역을 했다. 국제의원연맹 총회, 국제올림픽위원회 총회, 아시아경기연맹 회의 등 기회 닿는 대로 통역 일을 하며 사회와의 끈을 놓지 않았다.

승무원 출신이라 유리했다

어느 날 대한항공 여 승무원 동우회의 회장 언니가 내게 연락을 했다.

"신라호텔에서 구인 요청이 들어왔어. 전직 승무원 가운데 영어와 일어를 잘하고 연륜이 좀 있는 사람을 물색해 달라는데, 네가 적합하지 싶다. 한번 지원해 볼래?"

난 대한항공 여 승무원 동우회 '카사'의 창립 멤버로, 그 당시에 부회장직을 맡고 있었다. 신라호텔에서 여성 고객들을 관리하던 직원이 퇴직을 해 그 자리를 채울 사람을 구하던 참이었다. 동우회의 추천을 받고 지원을 했는데 선발 과정이 무척 까다로웠다. 영어와 일어 작문 시험, 외국어 인터뷰를 거쳐 총 지배인 면접까지 마치고 나니, 마지막 관문이 기다리고 있었다. 경영진이 모여 회의하는 장소에서 나는 여러 가지 질문을 받았다. 직원 1명 뽑는데 이인희 고문이 직접 면접을 했다.

승무원 생활을 그만두고 나서 6년 만에 나는 신라호텔 영업기획팀에 재취업을 했다. 결혼하고, 아이 낳고, 서른네 살에 제2의 인생을 시작한 것이다. 새로 일을 시작하는 데는 승무원 경력과 든든한 동우회의 연줄이 중요한 역할을 했다. 그때 내가 재취업에 성공하지 못했다면 지금까지 왕성하게 사회활동을 할 수 있었을까 싶다. 나는 다시 일을 할 수 있다는 것이 무엇보다 행복했다. 생각지 않게 얻은 행운이고 좋아하는 업무인지라 나는 정말 열심히 일했다.

신라호텔에는 '레이디스 서클'이라는 모임이 있었는데, 주요 회원은 주한 외교 사절단의 부인과 재벌 부인, 호텔의 단골 여성 VIP들이었다. 나는 그 고객들에게 요리 강습이나 다도, 종이 공예, 점토 공예 등 한국의 전통 문화 체험 프로그램을 선보이고 공연 기획도 추진했다.

신라호텔에서 한국공항공사로 자리를 옮긴 것도 승무원 동우회의 적극적인 추천 때문이었다. 그 당시 차규헌 교통부 장관은 "해외 출장을 나가 보니 고급 여성 인력들이 국제회의에서 발언도 하고 의전 활동도 하는 것이 멋있고 좋아 보이더라."며 국제공항관리공단(현재 한국공항공사의 전신) 사장에게 고급 여성 인력을 채용하라는 지시를 내렸다. 갑자기 그런 사람을 어디서 구할 건가. 궁리 끝에 공단에서는 대한항공에 의뢰를 했고, 대한항공에서는 다시 여 승무원 동우회에 연락을 해서 적합한 사람을 알아봐 달라고 부탁했다.

동우회 회장 언니가 또 내게 전화를 했다.

"십여 명이 지원을 했는데 아무래도 어렵겠다. 네가 가는 게 좋겠어."

난 그 공단이 어떤 곳인지도 몰랐다. 공기업이라니까 그저 안정된 직장이겠거니 정도로만 생각했다. 동우회에서 하도 채근을 하는 바람에 지원을 했는데 덜컥 선발이 되었다.

'이거 어떻게 해야 하나. 난 지금 좋은 직장을 다니고 있는데…' 나는 아무래도 그냥 호텔에서 근무하는 편이 나을 것 같아 죄송하다며 거절을 했더니, 나중에는 공단 부사장까지 호텔로 전화해 꼭 함께 일하고 싶다면서 적극 권유를 했다. 호봉을 좀 더 높여 주고, 1년 안에 과장으로 승진시켜 주겠다는 약속도 내걸었다. 안정적인 직장이라는 장점 하나만을 보고 난 직장을 옮겼다.

그런데 막상 공단에 와 보니 사무실 근무 환경이며 직원들의 일하는 자세가 신라호텔과 너무나 달라 나는 새 일터에 적응하는 데 상당히 많은 어려움을 겪었다.

나는 한국공항공사에서 국제 협력팀, 항공 인력 개발원, 의전팀, 홍보팀을 두루 거쳤다. 입사를 하면 곧 과장으로 승진시켜 주겠다던 약속은 공수표가 되어 버렸고, 난 내 힘으로 5년 만에 승진 시험을 봐서 2급으로 올라섰다.

'여성 최초' 라는 화려함의 뒷면

2007년 1월 8일은 내 인생에 있어서 뜻 깊은 날 가운데 하나다. 2급 팀장에서 15년 만에 1급 실장으로 승진한 날이기 때문이다. 공사 창립 이래 여성으로서는 최초로 1급에 발탁된 것인데, 다른 공기업 분야를 망라해도 이례적인 승진 사례였다. 미국에서 은행에 다니는 딸이 승진 소식을 듣고는 인터넷에서 엄마 이름을 치니 관련 기사를 볼 수 있다며, 엄마가 자랑스럽고 대단하다면서 나보다 더 좋아했다.

보건복지부처럼 여성 직원이 많은 곳은 대개 여성들의 진급도 빠르다. 그러나 공항공사는 남성 위주로 업무가 돌아가는 곳이고, 반드시 여성을 필요로 하는 일도 없기 때문에 알게 모르게 '여자를 진급시킨다고? 무슨 일을 맡기지?' 하는 분위기가 있었다.

:: 독일 프랑크푸르트에서 열린 1987년 국제민간항공협회(ICAA) 세계 총회에서. 이탈리아 밀라노 공항장과 함께 했다.

　내가 공기업에서 3급으로 입사해 두 차례나 승진을 하니까 대단히 관운이 좋다고 얘기하는 사람들이 있다. 그러나 사실 나는 그렇게 관운이 좋은 사람이 아니다. '여성 최초'라는 수식어가 붙은 뒤 남자 동료에게서 대단한 여걸이라는 말을 듣기도 했지만, 남녀평등의 불모지이자 보수적인 직장에서 남모를 차별을 감내해야만 했다. 남자에 비하면 승진도 늦은 축에 들고, 눈에 보이지 않는 견제를 당하면서 어렵게 거둔 결실이다.

　공기업에서 일하며 내 안에 잠재된 끼를 발산하지 못하고 발랄함을 잃은 느낌은 있지만, 난 조직에서 살아남기 위해 파워 우먼처럼 중무장하지는 않았다. 여성이란 정체성을 버리면서까지 성공을 위해 달음질치고 싶은 생각은 없었기 때문이다. 지금은 여성의 감수성과 다양성, 창의성이 기업 경쟁력의 원천이 되는 세상으로 변했으니 여성으로서 자신의 특출한 점을 밀어붙여야 한다고 생각했다. 그렇게 묵묵하지만 당당하게 일을 해 온 것이 승진의 비결이 된 듯싶다. 크게 성공하지는 못했지만 이 자리에 오기까지 정말 나는 많은 노력을 했다고 감히 말할 수 있다.

나는 재테크 쪽에는 관심도 없고 기회도 없어 돈을 모으지는 못했다. 그러나 일테크(?)에서만큼은 어느 정도 성공을 거두고 싶다. 그래서 나는 오늘도 퇴직 후에 펼쳐질 제3의 인생을 준비한다.

내가 누군가에게 희망이 된다면

2007년 8월, 늦은 나이에 나는 한국항공대학교 경영대학원을 졸업했다. 전공은 관광경영학. 석사 논문 작업이 만만치 않았지만 그래도 단번에 통과를 했다. 9월부터는 같은 학교에서 마케팅 관리 쪽으로 박사 과정을 밟고 있고, 회사의 지원을 받아 연세대학교 언론홍보대학원 최고위 과정에도 다니고 있다. 퇴근 후 학교에서 공부를 마치고 집에 가면 평일엔 밤 11시가 다 된다. 주말도 없이 바쁘고 피곤하게 지내지만 나는 끊임없이 뭔가를 배우는 게 좋다. 박사 과정은 주변 사람들이 할 수 있다고 격려를 해 주어 시작했다. 때때로 열의를 잃는 순간도 있지만 그럴 때마다 나는 스스로를 다잡으며 공부를 한다.

한국공항공사의 직원 정년은 58세. 나는 정년까지 일할 계획이다. 기회가 되면 정년퇴직을 하기 전에라도 대학에서 강의를 하고 싶고, 정년퇴직을 한 뒤에도 다른 기업에서 일해 보고 싶다. 사오정, 오륙도라는 말이 낯설지 않은 세상에서 감히 여자가 정년 후에도 일을 하고 싶다고 말하는 게 지나친 욕심일까.

:: 한·일 여성항공회 간담회에서 사회를 보고 있다(2004년 4월).

　내가 승진을 했을 때 언론 매체와 인터뷰한 기사들이 승무원 교육 기관이나 승무원 지망생들의 블로그에 올라와 있는 걸 보았다. 나의 성취가 승무원 지망생들에게 희망을 주는 본보기가 된다면 나에게는 큰 기쁨이다. 인생 선배로서 승무원들에게 해 주고 싶은 말이 있다면, 지금 보는 세상이 전부가 아니니까 지식을 쌓고 사회 경험을 많이 하면서 좀 더 넓은 세계로 나갈 수 있는 기반을 현역에 있을 때 갈고 닦으라는 것이다. 자기 적성에 맞는 일을 찾되, 선배나 멘토와 의논을 하고 최종 결정을 내리면 좋을 것이라는 말도 덧붙이고 싶다.

　나는 나중에 해 보고 싶은 일이 한 가지 더 있다. 지금 대한항공 여승무원 동우회에서는 여러 가지 활동을 한다. 봉사 활동이나 합창단 활동을 비롯해 인하대학교 승무원 관련 학과 학생들에게 장학금을 지급하고, 한국인으로 귀화한 커플을 돕는가 하면 심장병 어린이를 위해 수술비도 지원해 준다. 나는 앞으로 국내 모든 전·현직 여 승무원들을 회원으로 아우르는 통합 동우회를 만들어서 이끌어 나가고 싶다. 대한항공 승무원 경력도 있고, 또 대한항공에 입사하기 전 금호그룹에서 1년 동안 근무한 전력이 있기 때문에 아시아나 항공과도 무관하지 않다. 특히 한국공항공사의 다양한 분야에서 공항 관리 관련 업무와 국제회의 업무 등을 섭렵한 경력을 토대로, 나는 전체 여 승무원들의 모임을 조직해 우리나라 민간 항공 서비스 분야의 발전에 기여할 수 있는 일을 하고 싶다. 그렇게 되려면 다른 항공사의 동우회가 대한항공 동우회처럼 활성화되어야 하지만.

우리나라는 선진국에 비해 서비스 산업 분야의 경쟁력이 매우 취약하다. 그 때문에 여 승무원 출신들이 틈틈이 공부하여 이론적인 지식을 축적한다면 남들이 체험하지 못한 경험을 통해 학교나 사회에서 기여할 수 있는 길이 많다. 나는 나이와 무관하게 사회생활을 하면서 오래오래 보람 있는 삶을 살고 싶다. 나는 항상 하늘의 여 승무원이었다는 사실이 자랑스럽고, 내 인생을 풍요롭게 한 원동력이었다고 생각한다.

(구술 정리 : 임진숙)

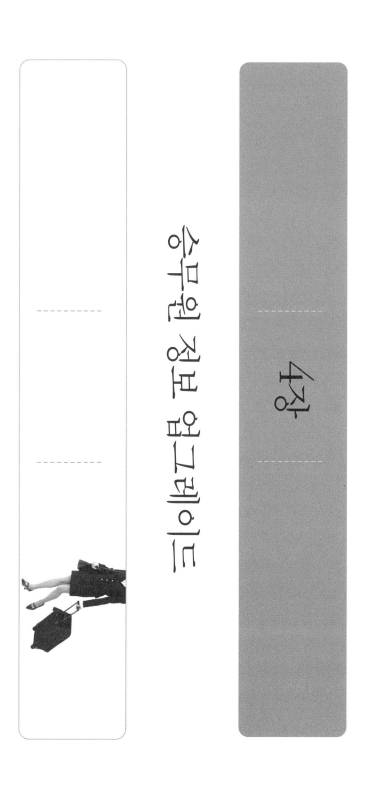

4장

승무원 정보 업그레이드

나는야 캐빈 크루!

| 김은주 |

1981년생. 2005년 한국외국어대학교 네덜란드어과를 졸업하고 10개월 동안 영어 강사로 일하다 승무원 시험 준비에 전념하기 위해 직장을 그만두었다. 2007년 5월 카타르 항공에 입사해 도하로 이주했으며, 현재 열심히 비행 업무를 배우고 있는 새내기 승무원이다.

■ 스튜어디스요? 싫어요!(2006년 어느 날)

"스튜어디스요? 싫어요. 힘들잖아요."

외국을 드나드는 일이 잘 맞는다며 스튜어디스가 돼 보라고 한 점쟁이에게, 나는 대뜸 이렇게 대답했다. 부전공을 살려 교육대학원에 진학할까, 아니면 관광공사 시험을 볼까 고민하던 중 엄마 따라 재미 삼아 들른 점집이었다.

"고생을 안 해 봤구먼. 그게 힘들면 무슨 일을 하려고 그래. 이 나라 저 나라 여행 다니면서 맛있는 음식 먹고, 좋은 데서 잠자고, 좋은 구경하고…. 이렇게 좋은 직업이 어디 있어? 사주에 외국 드나들어야 한다고 나오고, 서비스직도 잘 맞으니까 스튜어디스 시험 봐 봐."

26년 동안 살면서 난 한 번도 스튜어디스가 될 거라는 생각을 해

본 적이 없었다. 그렇게 그 점쟁이의 말을 '무릎팍 도사'의 생뚱맞은 고민 해결책마냥 흘려들었다. 그런데 다른 점쟁이도 똑같은 소리를 했다. 그러자 엄마가 오히려 나보다 더 적극적으로 나섰다.

"어렸을 때부터 너는 외국에서 살아 보고 싶다 했고, 외국 여행 많이 다니고 사람들 만나는 것도 좋아했잖아. 주말에 남자 친구랑 놀러 다니지 말고, 미래를 준비한다 생각하고 학원에 다녀 봐. 여자가 자신을 꾸밀 줄 아는 것도 중요하거든. 너는 화장도 잘 못 하니까 메이크업 배운다 생각하고 가 봐. 엄마가 밀어줄게."

처음에는 엄마 말대로 노느니 뭐라도 배워 보자 싶어 승무원 양성 학원에 등록했다. 그런데 수업을 듣고 승무원 출신 선생님들을 보면서 승무원이란 직업에 끌리기 시작했다. 인터뷰 수업 시간에 선생님께 "승무원의 장점이 뭐예요?"라고 물었더니, "아침은 홍콩에서, 점심은 파리에서, 저녁은 뉴욕에서 먹을 수 있는 거죠."라고 하는 게 아닌가. 곰곰이 생각해 보면 무척이나 피곤한 하루 일정인데, 그때는 그 말이 가슴에 와 닿았다. '나도 세계를 누비며 많이 보고, 많이 듣고, 그걸 토대로 성장하고 싶다'는 생각이 마구 솟아났다. 학원 등록 두 달 만에 나는 다니던 직장을 그만두고 승무원 시험 준비에 '올인'했다.

(그 후 몇 번의 고배를 마시고 나서 카타르 항공에 최종 합격했다. 10개월이란 시간을 투자한 끝에 거둔 결실이었다.)

■ 도하가 내 집이다(2007년 5월 31일)

도하에서 생활한 지 2주째. 승무원 트레이닝을 받고 있다. 사람들이 하도 겁을 줘서 걱정을 했는데 막상 훈련 받는 건 그렇게 어렵지 않다. 시험이 많지만 그럭저럭 볼 만하고, 아직까지는 모든 게 괜찮다.

:: 트레이닝 기간 막바지에 유니폼을 받았을 때. 너무나 감격스러웠다.

귀여운 사샤 선생님의 수업을 듣다 보면, 돈 받으면서 영어 연수하는 느낌도 든다. 7주간의 트레이닝을 마친 뒤 견습 비행을 4번 다녀오면 정식 비행이 시작된다.

내가 살고 있는 집은 운동장처럼 넓진 않아도 아늑하다. 룸메이트는 정말 착하고. 이곳에 온 지 이제 열흘 남짓 됐는데 룸메이트는 벌써 두바이, 프랑크푸르트, 파리를 다녀오더니 내일 저녁에는 오사카에 간단다. 트레이니(trainee, 훈련생)인 나로서는 그녀가 부러울 따름이다. 원피스 수영복이라도 가져올걸 그랬다. 옆 건물에 수영장이 있던데. 도하에 오기 전에는 솔직히 두려움 반, 설렘 반이었다. 지금 도하에서의 생활은 기대 이상의 대만족이다.

카타르 항공사도 마음에 든다. 회사 CEO인 알 바커(Akbar Al Baker) 아저씨는 매일 본다. 어떤 회사에서 사장을 매일 보는 게 가능할까. 나중에 알 사장과 개별 면담도 한다던데….

:: 내가 사는 도하 숙소의 거실과 주방. 그리 넓진 않아도 아늑하고 편안하다.

■ 혼자서도 잘 해요, 혼자서도 잘 지내요(2007년 7월 18일)

A300 기종 견습 비행이 있는 날이건만 나는 병가(call sick)를 내고 회사 병원에 다녀왔다. 그저께부터 목이 건조하고 따갑더니, 어젯밤에는 기침이 심해졌고 급기야 오늘 아침에는 목소리까지 나오지 않았다. 병가만은 내지 않으려고 했는데⋯. 감기 걸렸을 때 비행기 타면 고막이 터질 수도 있다는 말을 들은 데다, 내가 콜록콜록 기침을 해 대면 승객들이 너무 불편할 것 같아 어쩔 수가 없었다.

병원에 갔더니 약값만 해도 2만 원이 넘는다. 아프고 나서 드는 생각. 정말 우리 회사 아니었으면 어떻게 됐을까 싶다. 무료로 제공되는 집, 전기·전화·수도 요금, 그리고 여러 부대시설. 오늘은 병원 진찰비에 약값에 교통비까지. 별것 아닐 수도 있고 이제는 회사에서 해 주는 게 당연하게 생각되지만, 만약 이런 것 하나하나를 나 혼자 처리해야 했다면 얼마나 복잡하고 머리가 아팠을까. 돈도 만만치 않게 들었을 테고.

병가를 내고서 이렇게 음악 듣고, 책 읽고, 요리하며 시간을 보내고 있노라니 이제는 혼자서도 잘 지낼 수 있겠다는 자신감이 생긴다. 혼자서도 잘 해요, 혼자서도 잘 할 거야. 아, 비행하고 싶다!

■ 첫 정식 비행 & 첫 레이오버! (2007년 7월 30~31일)

'EUN JU'라는 내 이름이 적힌 배지를 달고 근무하는 첫 정식 비행이다. 게다가 런던에서 바로 돌아오는 비행이 아니라, 하룻밤 자고 오는 레이오버(lay over, 해외에서 체류하며 휴식을 취하고 돌아오는 비행). 이제 더 이상 지켜보기만 하는 훈련생이 아니라 직접 서비스를 해야 하는 승무원의 입장이기에 전날 브리핑 공부도 열심히 하고 밀 서비스(meal service, 식사 서비스) 순서도 다시 한 번 확인했다. 견습 비행 때에는 정해진 역할이 없었지만, 이번에는 당당히 비상 도어(door)를 책임진다. 내가 맡은 서비스 존(service zone)도 있다. 승무원은 비상 상황에 대비해 각각 도어 하나씩을 맡고 있다. 포지션별로 L1, R1/L2, R2/L3, R3/L4, R4로 나뉘는데 L은 LEFT(왼쪽), R은 RIGHT(오른쪽)이란 의미다. 또 각 포지션마다 서비스 존과 맡은 역할이 정해져 있다. 밀려오는 책임감.

테크니컬 빌딩에 도착해 승무원 인원수를 확인했다. (카타르 항공의 모든 크루들은 테크니컬 빌딩이라고 부르는 곳에 가서 체크인을 하고, 브리핑을 하고, 다 함께 크루 버스를 타고 비행기로 이동한다. 비행 후에는 다시 이 건물에 와서 체크아웃을 하고, 각자의 숙소로 돌아간다.) 브리핑 룸에서 브리핑 시작! 우선 돌아가면서 서로 인사하고 자기소개를 했다.

그런 후 SEP(safty emergency procedure)와 응급조치(first aid), 그리고 캐빈 서비스(Cabin SVC, 객실 서비스)에 대한 질문이 시작되었다. 동료 승무원들이 다들 대답을 너무 잘해서 완전히 긴장하고 있는

데, 다행히 나에게는 쉬운 질문이 던져졌다.

"Kim, 납치범이 나타났을 때 인터폰 사용을 어떻게 해야 하지?"

"성인의 정상적인 맥박과 호흡수는?"

마지막으로 그루밍 오피서(grooming officer)가 와서 승무원 그루밍 체크(용모 및 복장 상태 점검).

드디어 비행기에 올랐다. 바로 안전 보안 체크와 SVC 준비. 런던 비행은 승객들의 요구가 많다고 해서 약간 걱정했는데, 웬걸 천국 같은 비행이었다. 호출 벨조차 누르지 않는 천사 같은 승객들. 필요한 게 있으면 갤리까지 조용히 걸어와서 "물 좀 마실 수 있을까요?"라고 묻고 물 한 잔 마신 뒤 "땡큐 베리마치!"를 날리던 센스쟁이들. 만석으로 가는 비행이 그렇게 평화로울 수 있다는 것도 처음 알았다. 비행이 늘 이번만 같다면 얼마나 좋을까.

런던 도착 다음 날, 동료들과 밥 먹고, 쇼핑하고, 산책하고, 커피 마시고, 이야기한 게 전부였지만 런던의 화창한 날씨와 선선한 공기만으로도 기분 좋은 하루였다. (이런 여유, 감사합니다. 열심히 비행해야지. 좋아, 좋아. 흐흐흐) 코에 바람만 들어가도 이렇게 좋을 수가.

돌아올 때에는 비행기 안에서 하늘을 바라볼 여유까지 생겼다. 승무원 좌석에 앉아 창밖을 내다보니 비행기가 몽실몽실한 구름 위를 날고 있었다. '아! 내가 하늘 위에서 일하고 있구나!' 얼마나 뿌듯하고 설레던지. 비행하는 동안에는 아무런 고민도, 괴로움도, 걱정도 떠오르지 않는다. 그야말로 무념무상의 경지. 비행을 하다가 도통하는 거 아닌지 모르겠다.

■ 달콤한 데이오프(2007년 8월 2일)

비행을 시작하고부터 날짜와 요일을 잊고 산다. 월말에 '로스터'라는 1개월 비행 스케줄 표가 나오는데, 승무원에게는 비행이 있는 날인지, 오프(off)인지, 스탠바이(stand by, 대기 근무)인지, 비행이 있다면 어디로 가는지, 턴어라운드(turnaround, 기착지에서 머물지 않고 바로 돌아오는 비행)인지, 레이오버인지가 중요할 뿐이다.

갈수록 사람이 단순해지는 걸 느낀다. 한번은 시니어가 비행기에 뭘 두고 가는 게 없느냐고 물었는데, 그때 모든 승무원들이 "brain(뇌)"이라고 외쳤다.

지금 누가 나에게 "승무원의 장점이 뭐예요?"라고 묻는다면, 첫째는 자기 시간이 많다는 것, 둘째는 90퍼센트 할인되는 비행기 티켓으로 가족과 함께 여행 다닐 수 있다는 점을 꼽겠다. 비행 근무 외의 시간은 온전히 나의 것인데 그 시간을 어떻게 활용하느냐에 따라 독이 될 수도 있고 약이 될 수도 있다.

내일은 카트만두 비행이 있어 새벽 4시 반에는 일어나야 한다. 카트만두에서 돌아올 때에는 다이닝 재킷(승무원용 에이프런)과 기내 신발 챙길 때 '브레인'도 잊지 말고 꼭 챙겨 와야겠다.

■ 운동하자(2007년 8월 5일)

또 감기에 걸리고 말았다. 역시 건강 관리가 제일 중요하다. 비타민 꼬박꼬박 챙겨 먹어야지. 그리고 운동! 운동! 운동! 운동하자!

■ 당신은 욕심쟁이, 우후훗!!!(2007년 8월 6일)

승무원들이 살짝 기피하는 뭄바이 비행이다. 인도 승객들은 특이하게 항상 두 번 연달아 말한다. "와따(water)! 와따!", "위스키! 위스키!" 내가 위스키를 가져가면 맹물 마시듯 들이켜고는 더 달라고 소리친다. (플리즈와 땡큐는 국 끓여 드셨는지.) 남이 뭘 먹거나 받으면 자기도 달라고 해야 직성이 풀리는 승객들. 당신은 욕심쟁이 우후훗!!!

동료들 사이에서 전해 오는 비화가 있다. 인도 비행 때 한 여자 승객이 생리대를 달라고 하기에 승무원이 예쁘게 포장을 해서(그냥 주면 다른 사람들이 알아채니까) 건네줬더니, 뒤에 앉은 남자 승객이 "나도 저거랑 똑같은 거 갖다 달라."고 했단다. 어쩔 수 없이 똑같이 포장해서 갖다 줬더니, 그 남자 승객, 생리대를 쫙 펼치고는 접착 부분이 있는 쪽을 눈 위에 붙이고 잠을 자더란다.

알고 보니 인도 사람들에게는 이코노미 클래스의 비행기 티켓 값이 몇 달 월급에 맞먹을 만큼 큰돈이란다. 그래서 비행기 서비스에 대한 기대치도 높은 거고, 시쳇말로 '뽕을 뽑으려는 마음'이 드는 거라나. (인종이나 국적을 차별하는 뜻의 말이 아니니 오해 마시길.) 그 말을 들으니 앞으로는 인도 승객에게 더욱 잘 해야겠다는 생각이 든다.

■ 기다리고, 기다리고, 또 기다리고(2007년 8월 15일)

쿠웨이트와 바레인 더블 섹터(쿠웨이트 찍고 도하에 왔다가, 다시 바레인 찍고 도하로 돌아오는 것) 비행을 했다. 첫 더블 섹터였는데 정말 소문대로 힘들었다. 실제 비행 시간은 쿠웨이트는 1시간, 바레인은 25분으로 채 3시간도 되지 않았다. 그런데 비행기에서 기다린 시간만 10시간이 넘는다. 훈련을 받을 때 강사가 "객실 승무원은 기다리는 것에 익숙해져야 한다."고 했는데 정말 그랬다. 도착해서 다음 비행 시간 기다리고, 기다리고, 또 기다리고….

:: 트레이닝을 받았던 동기들과 함께.

■ 쇼핑을 하다 지각하는 얄미운 승객(2007년 8월 17~18일)

보름여 만에 다시 가게 된 런던. 첫 비행이 너무나도 평화로웠기에 편안한 마음으로 탔다가 완전히 기겁! 견습 비행 때 시니어가 "같은 시간대에 같은 장소를 비행하더라도 그날 승객들의 특성에 따라 모든 것이 달라진다."고 했는데, 어쩌면 그렇게 딱 맞는지. 갈 때에는 승객 1명이 간질 증세로 계속 발작을 해서 긴장의 연속이었고, 돌아올 때에는 중고생으로 보이는 카타르 여학생 80명가량이 단체로 1시간이나 늦게 탑승했다.

그런데 늦은 이유가 면세점에서 쇼핑 때문이라니!! 돈은 많은지 몰라도 '개념 상실'인 게 분명하다. 다른 승객들이 왜 출발하지 않느냐, 늦어서 다음 비행기 갈아타지 못하면 책임질 거냐며 불만을 쏟아 놓는데, 늦게 탄 여학생들은 친구 옆에 앉겠다며 자리 바꿔 달라고 아우성이다. 승무원들은 꼭 사감 선생님처럼 학생들을 자리에 앉히고 벨트를 매게 한 다음 겨우 이륙했다. 비행 중에도 계속 이리저리 왔다 갔다 하던 아이들. 그렇게 애를 먹이더니 도하 공항에 착륙하자 단체로 박수를 치면서 노래를 부른다. 끝까지 개념 없는 아이들.

그러나 왜 이렇게 출발이 늦느냐고 항의했던 다른 승객들의 고맙다는 말 한마디에 스르르 마음이 녹는다. 진심을 담아 좋은 하루 보내라고 인사했다. 그러고 보면 나를 포함한 우리 승무원들, 참 단순하다. "땡큐!"라는 말은 언제 들어도 좋다.

■ 브리핑 질문 공세는 아슬아슬(2007년 8월 23~25일)

맨체스터 비행이 있는 날. 출발 시간은 밤 12시 30분. 비행 전 브리핑 시간은 언제나 긴장된다. 트레이닝 받을 때 열심히 공부할걸. 후회 많이 했다. 어리석은 인간이여!

늦게 도착한 크루가 있어 11시 20분이 되어서야 브리핑이 시작됐다. 승무원은 보통 이륙 1시간 전에 탑승해야 하니까 10~15분 뒤면 나가겠구나 싶어 속으로 좋아했다. 비행 전 브리핑에서 항상 하는 SEP, FA, SVC 관련 질문은 오늘은 건너뛰겠네! 그런데 웬걸! 사무장(CSD, cabin service director)이 기본적인 질문 몇 가지를 속사포처럼 쏟아 내더니, 시니어(CS, cabin senior, CSD 다음으로 높다)에게 응급처치에 대해 질문하라고 한다. 우리 시간 없다고요!! 내 옆의 승무원이 엉뚱한 답을 해서 순간 분위기 싸하다. 나한테 떨어진 질문 두 가지. 다행히 쉬운 내용이다. 으흐흐.

'이걸로 끝난 거겠지.'

짐을 챙기려는 찰나 사무장이 다시 시작한다. SEP다. 첫 질문은 쉬웠다. 내가 저기 앉을걸. 나한테는 말로만 듣던 가상 시나리오 질문을 했다. 상식선에서 생각하면 되는데 처음 받는 질문 형식이라 우물쭈물. 응급처치 대답을 잘해서인지 사무장이 그냥 자기가 설명하고는 넘어간다. 휴우.

이번 비행에는 승무원 12명 가운데 7명이 남자다. 남자 승무원이 있으면 확실히 분위기가 부드러워진다. 싱가포르 출신인 남자 승무원은 한국말에다 일본말까지 능통하다. 부러워라. 나는 요즘 독일어 공부를 하고 있는데, '구텐 탁(Guten tag!)'밖에 들리지 않는다오.

■ 장난 전화 사절!(2007년 8월 26일)
오늘은 오전 5시부터 오후 5시까지 스탠바이(대기 근무)다. 아까 낮잠 자다가 꿈을 꿨다. 더블 섹터 비행이니까 준비하라고 회사에서 전화 오는 꿈. 내심 비행에 불려 갈까 봐 신경이 쓰이긴 했나 보다. 난 어쩔 수 없는 날라리 승무원인가? 두 마음이 오락가락한다. 불려 나가도 열심히 비행해야지 하는 마음과 될 수 있으면 '부르지 마, 부르지 마' 하는 마음.

헉, 전화가 왔다!!

가슴이 철렁한다. 받았더니 그냥 끊는다. 장난 전화인가. 오늘은 전화 소리에 긴장의 연속. 누가 나 오늘 스탠바이인 거 알고 장난치나? 왜 이렇게 전화가 자꾸 오지?

■ 승무원 지망생과 인터뷰하다(2007년 8월 27일)
중학생인 엄마 친구의 딸이 있는데 장래 희망이 스튜어디스란다.

학교 숙제가 있다며 나하고 인터뷰를 하고 싶은 모양. 그 여학생이 꼭 나를 한번 만나 보고 싶다나. 내가 누군가에게 한 번이라도 만나 보고 픈 사람이 된 거야? 오, 놀라워라!

오늘 그 학생과 통화를 했다. 승무원이 된 계기, 일하면서 힘든 점, 승무원의 좋은 점, 승무원이 되기 위해 해야 할 준비, 비행하면서 뿌듯했던 기억, 비행하면서 힘들었던 기억, 앞으로의 계획, 당부하고 싶은 말 등 참 꼼꼼하게도 묻는다. 20분쯤 통화한 후 마지막으로 내가 왜 승무원이 되고 싶으냐고 물었더니 그 학생이 하는 말.

"멋있잖아요. 승무원들이 유니폼 입고 함께 걸어가는 걸 보면 정말 멋있어요."

그렇긴 하다. 외국 공항에서 승무원들이 단체로 지나갈 때 사람들의 시선이 쏠리는 경우가 종종 있다. 그러면 일부러 허리를 더 꼿꼿이 세우고 걷기도 한다. 하지만 단순히 멋있어 보인다는 생각만으로 승무원을 꿈꾸는 사람이 있다면 난 말리고 싶다. 정말로.

■ 야호! 세부로 간다(2007년 9월 7일)

스탠바이 2시간 만에 울린 전화벨. 세부에 가란다. 와아!! 신나게 수트 케이스에 짐 챙기고 유니폼 입고 메이크업하고 준비 완료. 스케줄표에 스탠바이가 3일이어서 난 당연히 3일 안에 돌아오는 비행인 줄 알았는데 6일짜리였다. (그러니까 세부에서 더 오래 머물 수 있다는 거지!) 스케줄 팀에 박카스라도 사 들고 갈까 보다.

브리핑 룸에 가 보니 승무원 중 나를 포함해 한국인이 3명이다. 느낌 좋고! 사무장의 당부 사항 가운데 하나가 "승무원 좌석에 앉아서 졸지 마."였다. 어찌나 웃기던지. 그동안은 거의 'Full flight(만석 비행)'

:: 비행 후 세부에서 삼겹살을 먹었다. 도하에 사는 한국인 승무원은 늘 삼겹살을 그리워한다. 도하에서는 현지인뿐 아니라 외국인들도 돼지고기 먹는 게 금지되어 있기 때문이다.

였는데, 이번 비행에선 이코노미 승객이 133명이다. 오, 정말 아름다운 숫자, 133. 게다가 밤 비행이라 승객들 대부분이 잠을 잔다. 6시간 동안 앉아 가며 동료들과 수다를 떨었다.

세부에 도착해 한국 식당에서 떡볶이와 쫄면, 그리고 언제 먹었는지 생각도 안 나는 삼겹살도 먹었다. 돌아오는 길엔 한국 슈퍼마켓에서 고추장, 쌈장, 카레 가루를 샀다. 부자가 된 기분이다. 세부에 오니 한국이 부쩍 그립다.

보홀 섬 관광은 꿈만 같았다. 이곳으로 부모님을 초대해서 가족과 함께 시간을 보내는 선배 승무원 제임 언니를 보니 엄마 아빠 생각이 난다. 나도 다음번에 긴 비행 스케줄 받으면 부모님 초대해서 같이 여행해야지.

■ 터뷸런스에 흥분하는 변태?(2007년 9월 13일)

싱가포르에서 돌아오는 길, 기류 변화가 매우 심했다. 사무장은 승무원들에게 자리에 앉으라고 지시했다. 주방 안 승무원 좌석에 앉아 있는데, 카트가 흔들리고 박스들이 떨어질 것처럼 움직였다. 기체가 계속 요동치니 무서웠다. 불안한 마음에 은정 언니한테 물었다.

"언니, 터뷸런스(turbulence, 난기류)가 언제까지 계속될까?"

"아무도 모르지. 비행 내내 계속될 수도 있는 거고. 내가 아는 언니는 마닐라 비행할 때 난기류가 계속돼 서비스 하나도 안 나가고 끝까지 앉아서 갔대."

시계를 보니 비행 시간이 3시간 넘게 남았다. 속이 울렁거리더니 갑자기 숨쉬기가 힘들었다. 언니한테 말했더니 놀라서 시니어를 데리고 왔다. 시니어가 하는 말.

"hyperventilation(과호흡 증후군)이네."

과호흡 증후군은 산소 과다, 이산화탄소 부족으로 호흡이 가빠지고 손발이 마비되는 증상이다. 불안감, 걱정, 극도의 흥분 등 심리적인 요인에서 비롯되며 제때 적절히 처치하지 않으면 기절할 수도 있다. 신기하게도 트레이닝 때 배운 그대로 증상이 나타났고, 트레이닝 때 배운 그대로 비닐 백에 입을 갖다 대고 숨을 쉬었다 참았다 하니까 괜찮아졌다.

그런데 나 빼고는 다들 멀쩡하다. 심지어 어떤 승객들은 자고 있다. 처음 맡은 갤리 업무에다 심한 터뷸런스, 카트나 컴파트먼트 같은 갤리 안 기기까지 흔들리니 불안했나 보다. 은정 언니는 자꾸 극도의 흥분이 원인이라면서 기체 요동에 흥분하는 내가 변태라고 놀린다. 언니, 나 진짜 죽는 줄 알았다고!

■ 김치는 못 팔아!(2007년 9월 18~19일)

방콕 비행. 너무 짧아서 아쉽다. 아침에 출발했는데 시차 때문에 방콕에 도착하니 밤이다. 호텔에 도착하자마자 옷만 갈아입고 바로 로비로 내려갔다.

"Kim~!"

나를 저렇게 부르는 걸 보니 우리 승무원인 것 같긴 한데 누군지 못 알아보겠다. 유니폼 입었을 때와 모습이 완전히 다른 승무원들이 너무 많아서. 알고 보니 인도 출신 사무장이다. 이제는 사무장도 몰라보는 게냐! 야시장에 가서 돼지고기 요리를 먹고 맥주를 마셨다.

카타르는 이슬람 국가라서 돼지고기 구경하기가 어렵다. 도하의 날씨가 너무 더워서 돼지고기가 쉽게 상하기 때문에 안 먹는 것인지 모르겠지만, 아무튼 현지인뿐만 아니라 외국인들도 돼지고기를 먹을 수 없다. 그러니 기회가 있을 때 삼겹살 같은 돼지고기 요리를 먹어야 한다. 더군다나 지금 도하는 라마단 기간. 한 달 동안 도하에서 술을 마시는 건 불가능하니 지금이라도 마셔 줘야 한다.

5시간 잠을 자고 아침 일찍 호텔을 나섰다. 새내기라 그런지 난 체류 비행만 나가면 몸 생각하지 않고 너무 돌아다닌다. (그러니까 도하만 오면 신생아처럼 잠을 자지.) 대형 마트에 가서 샐러드용 채소를 종류별로 사고 김치랑 고춧가루, 쫄면 재료까지 샀다.

쇼핑을 하고 돌아오는데 어제 그 사무장이 날 부른다. 김치를 보더니 어디서 샀냐면서 자기한테 팔란다. "너 지금 무슨 소리하는 거니? 카레나 먹어!"라고 외치고 싶지만, 나는야 캐빈 크루! 상냥하게 말하기.

"달링, 우리 한국에서 체류하는 비행 없는 거 알지? 나 김치 못 먹은 지 100년째야. 한국인이 김치 얼마나 좋아하는지 들었지? 내가 한국에 휴가 가면 네 것도 좀 챙겨 올게."

텅 빈 채로 가져온 수트 케이스가 터지려고 한다. 뚱뚱해진 가방에 비례해서 내 마음도 뿌듯.

■ 작심삼일(2007년 10월 14일)

브리핑 때마다 다짐한다. 집에 돌아가면 SEP랑 FA랑 SVC 공부를 다시 해야지! 열심히 공부해서 프로페셔널한 승무원이 될 거야! 레이오버 가면 또 다짐한다. 어세스먼트(assessment, 비행을 잘하는지 점검하는 평가서. 평가 항목이 세세하게 나뉘어 있다. 비행 3개월 후에 첫 어세스먼트를 하는데 동기들은 이미 거의 다 받았고, 나는 아직 받기 전이라 긴장 모드)도 잘 받아서 최고의 승무원이 될 테야. 독일어 공부 열심히 해서 환상적인 비행 시간표도 받아야지. 책도 일주일에 2권씩 꼭 읽고, 다이어리도 꼬박꼬박 써야지. 요가도 하고, 요리 연습도 하고. 그러나 막상 도하에 오면… 후훗.

■ 이륙하겠습니다 …이륙했습니다(2007년 10월 18일)

선배와 동료들의 경험담은 한 편의 코미디다. 늘 영어를 입에 달고 사는 카타르 항공 승무원들. 엄마의 발을 밟고도 본능적으로 "쏘리, 마담(Sorry, Madam)."이라고 하는 건 차라리 애교에 가깝다.

가끔 한국어 기내 방송을 지시하는 사무장이 있다. "레이디스 앤 젠틀맨"에 익숙해진 승무원, 갑자기 헤맨다.

"승객 여러분, 저희는 곧 이륙하겠습니다. 이륙을 위해…."

dimming lights를 뭐라고 하지? 불을 *끄겠습니다*? 조명을 *끄겠습니다*? 웬 조명? 뭐지? "…곧 이륙하겠습니다."

한국어 버전을 생각하는 동안 비행기는 이미 상공을 날고 있다. 그러니 이렇게 말할 수밖에.

"저희는… 이륙했습니다."

■ 내 나이 스물일곱(2007년 10월 20일)

여자 나이 스물일곱이 아름답다 했던가 매력적이라 했던가, 하여튼 그런 광고가 있었다. 스무 살 시절, 그 광고를 보고 '27'이라는 숫자에 환상을 품기 시작했다. "나는 빨리빨리 나이 먹어서 스물일곱 살이 되고 싶어."라고 친구들에게 말했던 기억도 난다.

벌써 10월이다. 시간이 정말 빨리 간다. 특히 비행 시작하고부터는 하루가, 일주일이, 한 달이 휙휙 지나간다. 이제 아름다운 스물일곱도 두 달이 채 안 남았구나.

나는 지금 신나게 비행을 하고 있다. 아직은 실수도 많이 하는 철부지 승무원이지만, 비행을 할수록 '정말 이게 내 천직이구나!' 하는 걸 느낀다. 살짝 고백컨대 언젠가 내게 '스튜어디스'를 해 보라고 권한 점쟁이한테도 고마운 마음이 든다.

『여자나이 스물아홉, 일할까 결혼할까 공부할까』라는 책도 있던데, 머지않아 나도 스물아홉이 되겠지. 일도 하고, 결혼도 하고, 공부도 할 수는 없는 걸까?

나는 지금 잘하고 있는 걸까? 2년 전 다이어리에 내가 바라는 10년 후의 나의 모습, 5년 후의 나의 모습을 적어 놨는데, 난 그 모습에 다가가고 있는 걸까. 그 해답은 몰라도 나는 항상 다짐한다.

열심히 살자. 신나게 살자. 행복하게 살자.

적극적으로
나를 드러내고 자랑하라!

| 박나윤 |

1984년생. 2006년 경희대학교 불어불문학과를 졸업했다. 대학 재학 시절 걸프 항공사와 에티하드 항공사에 합격한 적이 있으며, 2006년 10월 에미레이트 항공에 15기로 입사해 현재 세계의 하늘을 날고 있다. (www.cyworld.nate.com/needsomecandy)

2006년 12월 5일, 내가 처음으로 비행한 날. 아침 비행이었는데 너무 긴장해서 메디컬 증명서를 빠뜨리고 온 바람에 비행 취소가 될까 봐 조마조마했다. 인천에서 두바이행 비행기를 함께 타고 왔고, 승무원 교육도 함께 받은 같은 아파트에 사는 진영 언니가 잠결에 뛰쳐나와 두바이 공항까지 달려와 주었다. 그날만 생각하면 아직도 어깨부터 머리끝까지 팽팽한 긴장이 퍼진다.

한 달 반의 기간 동안 세 차례나 계속된 힘든 면접, 짧지도 길지도 않은 5주의 교육을 무사히 마치고 드디어 첫 비행. 비행기 안의 수백 개 의자들을 보며 멍했던 것 같기도 하고, 짜릿했던 것 같기도 하다. 그날 비행기에 올랐던 느낌은 아마 평생 못 잊을 것 같다. 아주 큰 거북이 두 마리가 있어서 다가갔더니 세계 지도가 멋있게 그려져 있던,

첫 비행 전에 꾼 꿈이 아직도 생생하니까. 내 방엔 아직도 세계 지도가 없다. 비행을 할 때마다 꿈에서 본 멋진 세계 지도 속 곳곳을 찾아다니면 되니까.

1차 시험_에세이와 그룹 면접

2006년 8월. 대학원에 진학할지 취업할지 결정하지 못한 상태의 대학 졸업반 학생이었던 나는, 그저 빨간 모자의 매력에 이끌려 에미레이트 항공 승무원 공채(15기)에 응시하기로 결심하고 한글과 영문으로 자기소개서를 작성해 인터넷으로 원서를 접수했다. 외국에서 에미레이트 항공사에 지원할 때는 http://www.emiratesgroupcareers.com에 접속하여 원하는 국가에서 언제 면접이 이루어지는지 알아보면 된다.

몇 주 후 1차 면접이 시작되었다. 유난히도 더웠던 2006년 여름, 면접장인 강북 ANC 승무원 학원으로 가는 동안 내가 입은 정장은 뜨거운 오후 햇살과 긴장감에 땀으로 범벅이 되었다. 당시 공채에는 총 7000여 명이 응시했다고 한다.

우선 필기시험. 주어진 주제에 따라 A4 용지 1장 분량으로 영어 에세이를 써야 하는 시험. 그날 면접장에서는 "What would be the cultural shocking in UAE?"가 주제였다. (영어 에세이 주제는 그때그때 다르지만 주로 문화적인 것이 출제된다고 한다.)

대학 영어 수업 때 했던 토론이 생각났다. 각 그룹마다 나라를 정하고 그 나라의 문화를 이해할 수 있도록 토론하는 수업이었는데, 우리 그룹이 맡은 나라가 아랍에미레이트(Unites Arab Emirates)였다. 교환

학생 시절도 생각이 났다. 대학교 2학년 때 북아프리카의 튀니지로 1년간 교환 학생으로 다녀왔는데, 그때 내가 살았던 곳이 관광 도시 수스였다. 항상 내 구미를 돋우던 빨간 쿠스쿠스(couscous, 거칠게 빻은 밀을 쪄서 좁쌀처럼 만든 것)와 갓 구운 양고기, 당시엔 무섭게만 들리던 아랍어, 그리고 '헉' 하고 숨을 조여 오던 뜨거운 날씨도 생각이 났다.

나는 머릿속에서 헝클어진 생각의 갈래를 정리하며 재빠르게 글을 써 내려갔다. 1시간이라는 짧은 제한 시간 안에 문법과 어법에 맞게 작성해야 하는 만만치 않은 시험이었다.

내가 에세이 시험을 치르는 사이 면접장 한쪽에는 응시생 한 무리가 순서대로 키와 몸무게를 재고 있었고, 다른 한쪽에는 또 다른 응시생 대여섯 명이 다른 면접장으로 들어가고 있었다.

나는 마지막 그룹이었다. 면접장 문 앞에서 나는 볼을 빵빵하게 부풀리는 나만의 방식으로 긴장감을 없애려고 노력했다. 문을 열고 들어서니 방 안쪽에 한국인 면접관 3명이 앉아 있었다. 응시생들은 둥글게 둘러싸인 의자에 번호표대로 앉았다. 그리고 질문을 했다.

"What have you learned the most in your life?"

2, 3초간 정적이 흘렀다. 그 와중에 우리들은 어색한 미소를 지으며 재빠르게 머리를 굴리고 있었다. 벌써 3명의 응시생이 자신의 의견을 애기했다. 나는 마지막에 말하기가 싫어 기회를 봐서 얼른 내 의견을 발표했다. 물론 여러 사람들과 일일이 눈을 맞추며 말했고, 이야기를 마친 후 면접관들을 향해 환하게 웃어 보였다. 노파심에서 하는 말이지만 이 모든 면접 과정은 영어로 진행된다.

이렇게 우리들이 토론을 하면서 면접을 보는 동안에 면접관은 분주하게 움직인다. 키가 큰 남자 분은 일어서서 차근차근 우리의 모습을 앞뒤로 살펴보고, 안경을 낀 또 다른 면접관은 무언가 종이에 열심히 적는다. 날카로운 눈으로 우리들의 대화를 지켜보던 여자 면접관은 미소 한 번 짓지 않고 이력서를 검토하였다. 이렇게 해서 5~10분 정도의 짧은 1차 면접이 끝났다.

나는 두고 온 소지품을 챙기려고 에세이 시험장으로 들어가니 벌써 다음 시간 면접자들이 다른 주제의 에세이를 A4 용지에 적은 후 그룹별로 면접실에 들어갈 준비를 하고 있었다.

얼마나 더 기다려야 할까. 언제 발표가 날까. 2주 정도 지났을 즈음, 1차 시험 합격자 발표가 났다는 소식을 듣고 인터넷에 접속했다. 내 이름과 주민등록번호를 하나하나씩 치고 엔터를 눌렀다. "축하합니다."라는 팝업창이 떴다. 난 최종 합격이라도 한 듯 기뻤다.

2차 면접_30명 그룹 면접

9월 초, 한국산업인력공단에서 2차 시험이 진행되었다. 아침 8시까지 시험장에 입실해야 하므로 새벽부터 일어나 준비했다. 정각 8시. 시험장은 곱게 정장을 차려입은 응시생들로 가득 찼다. 모두들 자리에 앉아 옆 자리에 앉은 경쟁자이자 어쩌면 동료가 될지도 모르는 사람들과 이야기를 나누었다. 묘한 긴장감과 경쟁심, 그리고 서로 마지막 합격까지 가자는 격려의 분위기가 뒤섞여 시험장 분위기는 후끈 달아올랐다.

얼마 후 외국인 2명과 1차 집단 면접 때 만났던 면접관들이 등장했다. 외국인들은 두바이에서 온 에미레이트 항공 승무원이었다. 현지인 면접관 2명은 각자 자기소개를 하고 두바이와 에미레이트 항공에 대한

:: 현지인 면접 장면.

홍보를 시작했다. 홍보용 DVD에는 으레 좋은 점만 보여 준다는 걸 뻔히 알면서도 절로 내용에 빠져 들었다. 불가리아 출신의 면접관 아네타(Aneta)는 자신의 경험을 상세하게 이야기해 주면서 우리들의 궁금증을 한껏 자극했다.

"Well, I am sure that you have lots of questions about the company and Dubai. Feel free to ask."

아네타의 말이 떨어지기가 무섭게 여기저기에서 질문 공세가 시작되었다. 응시자들은 승무원들의 보수, 진급 체계, 현지 생활 등 수많은 질문을 퍼부었다. 질문의 열기가 가실 때쯤 나는 "비행할 때 바지를 입어야 하는 나라가 정해져 있나요?"라는 사소하지만 비행에 관한 구체적인 질문을 던졌다. 아네타는 좋은 질문이라고 칭찬하며 중동의 여러

나라에서 여자들이 지켜야 할 간단한 에티켓을 말해 주고, 비행할 때 더더욱 신경 써야 할 나라들에 대해서는 학교 선생님처럼 차근차근 설명해 주었다.

회사 소개 및 질의응답이 끝난 후, 곧 면접이 시작된다는 말과 함께 각자에게 번호와 이름이 적힌 스티커를 나누어 주었다.

"75 Irene(아이린은 내 영어 이름)."

나는 1차 면접을 통과한 75명 중 마지막 순서였다. 나는 스티커를 왼쪽 가슴 위에 붙이고 나만의 주문을 외웠다. '너니까 여기까지 온 거야. 자신감을 가지자. 나를 표현하자.'

75명의 면접자들을 반으로 나누어 면접이 진행됐다. 37명이 이번에도 둥글게 배치된 의자에 순서대로 앉았다. 인도에서 왔다는 솜나 (Somna) 면접관은 우리가 앉아 있는 원 밖에서 응시생들을 지켜보았고, 아네타는 원 가운데 서서 한 명 한 명에게 질문을 던졌다.

"내 질문에 짧게 답하면 되는 거야."

생각보다 간단한 형식이라 편안한 마음으로 내 순서를 기다렸다. 질문 내용은 대체로 평이했다.

"넌 어떤 요리를 좋아하니?"

"넌 개가 좋니? 고양이가 좋니?"

"무인도에 가게 된다면 무엇을 가지고 갈래?"

"사랑과 일 중 무엇이 더 중요하니?"

가벼운 질문이어서 코믹한 대답을 비롯해 그리 긴장감이 없는 상태에서 대화가 오갔다.

36명의 면접자를 지나 드디어 내 차례.

"너는 부와 명예 중 무엇을 택할래?"라는 질문에, 나는 대뜸 "둘 다가지면 안 될까?"라고 반문하며 "돈도 좋고 유명세도 좋아서 둘 다 놓치기 싫어."라고 대답했다. 잔잔한 웃음이 번지고 그렇게 면접이 끝났다.

밖에서 30분쯤 기다렸을까. 면접관 숨나가 종이 한 장을 가지고 나왔다. 함께 면접을 본 응시생 중 3분의 1이 탈락했다. 뭐라 표현할 수 없는 분위기였다. 옆에 앉은 사람이 탈락해 돌아가는 모습을 지켜볼 때는 괜히 미안하고 안쓰러운 마음이 들었지만, 그래도 합격한 사람들 사이에선 기쁨의 미소가 오갔다.

2차 필기시험과 팀워크 테스트

2차 면접을 통과한 합격자 앞에는 필기시험이 기다리고 있었다. 토익 수준의 독해 문제와 함께 에세이 시험을 치렀다.

'한국 교육에 대한 여러분의 생각을 적어 주세요.'

우선 독해 문제를 푼 후 에세이를 쓰기 시작했다. 우리나라 교육에 대한 생각? 나는 세계에서 가장 열심히 공부하는 대한민국 고등학생의 현실과 어려운 대학 입시, 반면 따기 쉬운 대학 학점과 별 어려움 없는 대학 졸업 등을 조목조목 조리 있게 설명하며 A4 용지를 채웠다. 필기시험을 마친 후 구두시험도 치렀다. 면접관이 주는 기사를 읽고 이를 간단히 요약한 후 질문에 답하는 형식이었다.

면접관들은 답안지를 제출하자마자 즉석에서 이를 채점했고, 여기서도 몇몇 응시생이 탈락했다.

나를 포함한 합격자들은 3차 면접에 들어갔다. 3차 면접은 팀워크

:: 아랍에미레이트 항공은 한국인 승무원들을 대상으로 'Soul of Korea'라는 한국 예절 교육 과정도 개설하는 등 한국과 한국 승무원에 대한 관심이 매우 높다.

를 테스트하는 면접으로 응시생을 몇 그룹으로 나누어 조가 꾸려졌고, 조별 활동이 바로 면접이었다. 조별로 간단한 쇼를 하기도 하고, 수십 장의 종이와 클립을 이용해 다리(bridge)나 기둥을 만들기도 하면서 시험이라는 걸 의식하지 않고 잠시나마 웃으며 시간을 보냈다.

드디어 면접이 끝났다. 면접관과 응시생이 다 함께 모인 자리, 책상 앞엔 수십 장의 종이가 접혀져 있었다. 자신의 이름이 적힌 종이를 떨리는 손으로 펴 보았다. 내 이름이 적힌 종이에는 "무사히 테스트를 치르며 여기까지 오느라 수고했습니다. 축하합니다…."라는 문구가 적혀 있었다. 여기까지 합격한 응시생들은 금색 에미레이트 항공 로고가 찍힌 최종 면접 초대장을 받게 된다.

인성 테스트까지 치르고 최종 면접 날짜를 정하고 산업인력공단을 빠져나오니 밤 10시였다. 아침 8시부터 밤 10시까지 정말 고된 하루였다. 면접 중간 중간 잠시 짬이 날 때 허기를 때우는 배고프고 피곤한 하루였다. 에미레이트 항공 로고가 선명한 최종 면접 초대장이 구겨질까 조심조심 손에 들고 돌아오면서 어찌나 졸립던지….

최종 면접_시시콜콜한 질문, 또 질문

2차 시험을 치른 사흘 후. 최종 면접 장소인 강남 ANC 학원. 5층에 있는 면접실로 가는 내 머릿속은 무겁고 복잡했다. 면접실 문 앞까지 마중을 나와 준 사람은 아네타였다. 면접관인 솜나와 재미있는 애기를 했는지 매우 기분이 좋아 보였다. 영문 졸업 증명서, 영문 호적 등본, 여권 사진, 전신사진, 전신 캐주얼 사진 등 준비해 오라고 했던 각종 서류를 건네주면서 보니 아차! 여권 사본을 빠트렸다.

"미안한데 내일 가지고 오면 안 될까."

내 말에 아네타는 흔쾌히 내일 가져오라고 말해 주었다. 휴, 다행이다. 하지만 나처럼 서류를 빼먹는 것은 좋지 않다.

면접관 2명과 응시생인 나. 2 대 1의 최종 면접이 시작되었다. 아네타는 내게 이런저런 질문을 퍼부었고, 나는 차근차근 대답하며 나를 빠짐없이 보여 줄 수 있도록 많은 애기를 했다. 또 다른 면접관 솜나는 나와 아네타의 대화를 들으며 열심히 적고 있었다. 그날 아네타는 내게 불어를 정말 잘하는지, 아르바이트를 하면서 힘들었던 점은 무엇인지, 힘든 점을 어떻게 극복했는지, 나만의 스트레스 해소법은 무엇인지, 외국 생활을 하면서 어떤 점이 재미있고 어떤 점이 힘들었는지, 언제 화가 나는지, 친구들에게 언제 고맙다 생각을 하는지 등 내가 제출한 자기소개서를 면밀히 검토해 시시콜콜하면서도 나를 잘 파악할 수 있는 질문들을 했던 것 같다. 1997년 대우조선해양에서 일하는 아빠를 따라 루마니아에서 5년 동안 살면서 겪은 집시들과의 에피소드, 그곳 미국 학교와 프랑스 학교 생활, 그리고 해외 봉사자들과 루마니아어 통역원으로 일한 소중하고 값진 경험들이 그날따라 이상하게 술술 나와서, 아네타와 나는 책상 하나를 사이에 두고 20여 분 동안 편하게 앉아서 이야기할 수 있었다.

다음 날 나의 다른 모습을 보여 줄 수 있는 마지막 기회라는 생각에 면접용 옷차림이 아닌 청바지에 빨간 재킷을 입고, 머리를 자연스럽게 내린 채 최소한의 화장만 하고 다시 면접장으로 갔다. 어제 제출하지 못했던 여권 사본을 내려고. 마침 엘리베이터에서 아네타와 솜나를 만나 가벼운 인사를 나누고 여권 사본을 제출한 후 헤어졌다.

3주 후, 001-9714…로 시작하는 모르는 번호가 휴대전화에 떴다.

"Irene. 신체검사 서류를 보내 줘."

가까운 병원에서 신체검사를 하고 서류를 보냈다. 다시 2주 후 합격을 축하한다, 승무원 교육을 받아야 하니 10월 20일에 출국하라는 내용의 전화를 받았다. 이런 전화를 받은 사람은 15기 공채 응시생 7000여 명 중 단 10여 명뿐이었다.

나는 에티하드 항공(2005년)과 걸프 항공(2006년 3월) 공채에도 응시했는데, 당시에는 현지인 면접을 한 후 바로 최종 합격자 발표를 하는 시스템이어서 아침 8시에 시작해 밤 11~12시에나 겨우 일정이 끝났다. 1 대 1 최종 면접 또한 당일에 마쳤다. 어찌나 강행군이었던지 합격 소식을 들었을 때에는 기쁨보다는 이제 끝났다는 안도의 눈물을 흘리며 계약서에 사인했던 생각이 난다. (그땐 학교를 마치지 않은 상

:: 5주간 승무원 교육을 받는 에미레이트 항공 교육원 전경.

태여서 실제로 일하러 가진 않았다.)

내 경험으로는 아랍권 항공사의 면접 방식은 큰 차이가 없다. 걸프 항공의 경우 100여 명의 응시생들 앞에 서서 각자 정해진 파트너를 소개하는 것이 첫 면접인 점이 특이하다면 특이하다. 이때 최대한 자기 PR를 해야 하며, 동시에 자신이 맡은 사람을 최고의 사람으로 소개할 수 있어야 한다. 내 경우 한국어, 영어, 불어, 루마니아어, 아랍어, 스페인어로 자기소개를 하며 나를 드러냈다. 어느 항공사든지 적극적이고 자신감 있는 사람을 원한다는 것을 잊지 말자.

외모보다는 인성!

2006년 10월 20일, 두바이로 떠났다. 10월 22일부터 약 5주간 승무원 교육을 받으며 본격적인 승무원 생활이 시작됐다. 교육 기간은 정신적으로도 육체적으로도 너무 힘들었다. 이른 아침부터 밤늦게까지

:: 5주간의 교육을 마치고 정식으로 아랍에미레이트 승무원이 되었다. 회사는 무사히 교육을 마친 사람들의 이름을 하나하나 부르며 축하해 주었다(왼쪽). 승무원이 된 후 타게 될 아랍에미레이트 비행기(오른쪽).

교육이 계속되고, 숙제는 산더미에다 매일 있는 시험 준비 등 다시 돌아가라면 못 할 것 같다 싶을 정도로 힘들었지만 그만큼 기억에도 남는다.

에미레이트 항공 홍보 담당자 세바 코난(Sheba konan)은 한국인 승무원에 대해 업무 능력이 뛰어나고, 교육 과정에도 열심히 참여하고 이해력도 빠르지만 부끄럼이 많고 수줍음을 탄다고 들었단다.

나는 교육 과정 내내 모르는 건 전부 다 짚고 넘어가고 왕성하게 질문을 하며 활발하고 적극적인 자세를 보여 주려고 애썼다. 소극적이고 수줍음 타는 한국인 승무원 이미지를 바꾸고 싶은 마음도 있고, 또 활발하고 적극적인 태도는 원래 내 모습이기도 했으니까.

그래서인지 나중에 "나윤이, 너 가르치고 교육관들이 한국인들을 다시 봤다더라! 에미레이트 항공사에서 너처럼 즐겁게 일하는 사람은 드물어."라는 흐뭇한 얘기도 들었다.

에미레이트 항공에 입사해 동료나 선배 승무원들을 보면 외모가 뛰

:: 에미레이트 항공사 홍보 책자에 나오는 문구.

어나서 합격한 건 아니구나 싶다. 물론 예쁜 승무원 동료들도 있지만 그렇지 않은 경우도 많다. 확실히 에미레이트 항공은 키나 몸무게, 외모를 우선으로 고려하지는 않는다. (나 또한 키가 작은 편으로 160센티미터 정도다.) 모든 면접이 영어로 진행되기 때문에 영어 실력이 뛰어나야 하는 건 틀림없지만 그 이상의 것이 있어야 한다. 그건 바로 다양한 사람들과 잘 섞이고 어우러지는 능력인 것 같다. 에미레이트 항공사의 홍보 책자에도 이런 문구가 나온다.

"We choose people who simply like being nice to other people, whatever their ethnic origin, to be cabin crew for Emirates."

에미레이트는 외모보다는 사람을 편하게 해 주는 사람을 원한다, 뭐 이런 뜻이 되겠다. 그러니 다국적, 다인종의 그야말로 다양한 문화의 용광로에서 어우러질 수 있는 적극적이고 진취적인 사람이라면 도전해 보기를!

에미레이트 항공은 1998년에 한국인 승무원 20명을 채용한 이래 매년 채용 규모를 확대해 왔다. 매년 1회였던 공채 횟수 또한 3~4회로 증가했다. 현재 에미레이트 항공 7000여 명의 승무원 중 약 8퍼센트인 500여 명이 한국인 승무원이며, 지난 2006년에는 조수연 씨가 한국인으로는 최초로 사무장이 되기도 했다. 에미레이트 항공사 내에서 한국인 승무원에 대한 평가는 매우 좋아 채용 규모는 더욱 커질 것으로 보인다.

지난 2005년 5월 1일 취항한 두바이-인천 노선은 2005년 신규 취항지 중 가장 성공적인 노선으로 뽑힌 바 있으며, 2007년 9월부터 두바이-인천 노선에 새로 주문한 비행기(A340)가 비행하는 등 한국 노선 및 한국 승무원의 위상과 기대치 또한 높아지고 있다.

에미레이트 항공 승무원 지원 자격은 아래와 같다.

〈지원 자격〉

학력: 고등학교 졸업 이상

나이: 만 21세 이상

신장: 157.5센티미터 이상인 동시에 암 리치(arm reach, 발꿈치를 들고 팔을
　　　뻗어 재는 길이) 212센티미터 이상

시력: 교정시력 기준 1.0 이상(렌즈 착용 가능)

기타: 영어에 능통하며 해외여행에 결격 사유가 없는 자

ANC학원(에미레이트 항공 채용 대행사) 홈페이지 www.ancschool.com 또는 www.emiratesgroupcareers.com에 접속하면 채용 정보를 비롯한 많은 정보를 얻을 수 있다.

하늘길에서 백인백색
승객을 만나다

| 익명의 승무원 |

편집자 주: 승무원들에게 승객은 참 어려운 존재입니다. 승객들의 따뜻한 인사와 치하에 비행의 피로가 눈 녹듯 스르르 사라
지기도 하고, 까다로운 승객의 클레임 때문에 스트레스를 받기도 합니다. 어쩌면 승무원들에게 승객은 영원한 애증의 대상인
지도 모릅니다. 그러나 승무원들은 승객들에 대해 이야기하기를 어려워합니다. 승무원들은 승객을 평가할 수 없다는 것이지
요. 그러나 승객과의 관계를 빼고 승무원의 보람과 어려움을 설명하기도 난감합니다. 이에 어떤 승무원의 이야기를 익명으로
싣습니다. 독자들의 양해를 바랍니다.

무릎 담요와 미주와리

국제선 비행을 하다 보면 세계를 만난다. 비행기에 탑승하는 다양
한 국적의 승객 한 명 한 명이 곧 작은 나라이자 작은 세계다. 국적별
로 승객의 특성은 다 제각각이다. 중국 승객들 중에는 대식가가 많고,
필리핀 승객들은 휠체어를 곧잘 이용하는 편이며, 호주 승객들은 어울
려 이야기하기를 좋아한다.

내 경험으로는 일본 승객들이 가장 인상 깊다. 특색이 있다고 할까.
우선 자기 자리 외엔 결코 짐을 올리려 하지 않는다. 옆쪽 오버헤드 빈
(Overhead bin, 좌석 위쪽에 위치한 승객 짐 보관용 선반)이 텅텅 비
었다 해도 예외가 아니다. 앞이나 뒤, 혹은 옆쪽에 짐을 넣어 드리면

어찌나 고맙다고 되뇌며 머리를 조아리는지…. 타인에게 방해되는 일을 꺼리는 그들의 국민성 때문일까?

기내 온도는 항상 섭씨 25도(±1)로 일정하게 유지되는 데도 일본행 비행에서는 기내 담요가 동이 난다. 일본 승객들은 담요를 무릎에 올려놓길 좋아하는데 춥고 더운 것과는 아무런 상관이 없다. 또 하나, 남자 승객들은 누구나 미주와리(위스키에 물을 타서 마시는 것)를 주문한다. (솔직히 말하자면 미주와리는 위스키의 참맛을 오히려 저해하는 방식의 술이라고 생각한다.)

문화적 배경이 달라서 비롯되는 이런 차이를 일본인의 전형적 성향인가 보다 하고 생각을 굳히려는 찰나에 또 다른 풍경이 펼쳐진다. 일본 할머니들은 내 궁둥이를 툭툭 치면서 갈라지는 목소리로 "비루(맥주)"를 외치고 있고, 교복 입은 아이들은 단체로 탑승해 한마디로 까불까불 하고 있다.

이쯤 되면 국적별 승객 특성을 논하는 것이 우스워진다. 다들 똑같다. 지금은 글로벌 시대가 아닌가. 사실 국적별 승객의 특성은 시간이 흐를수록 차이가 줄어들고 있다. 세계가 하나가 되고 있다는 증거다. 좀 더 지나면 자신의 가방을 보관할 곳을 찾지 못해 망설이고, 무릎에 담요를 덮고 미주와리를 마시는 일본인들의 모습은 추억 속에서나 존재할지도 모르겠다.

콜라 한 잔 주세요

방콕 공항발 서울행 비행기. 100명이 넘는 승객들은 모두 단체임을 증명이라도 하듯 유니폼까지 맞춰 입은 태국 현지인들이다. 산업 연수생인 듯한 이들은 비행기 안이라는 낯선 환경 탓인지, 미지의 세계에 대한 두려움 탓인지 긴장하는 기색이 역력하다.

말이 통하지 않아서 그런지 음료도 식사도 기타 서비스도 제공하는 대로 받을 뿐 다른 요구 사항이 없다. 승무원인 내 입장에서는 까다로운 손님이 아니니 일하는 데 편하긴 하지만, 한편으로는 먼 길 가는 손님을 더 잘 대접하지 못해 송구스럽기도 하다.

인천 공항에 거의 다다랐을 무렵, 태국인 단체 손님 중 한 사람이 오랜 망설임 끝에 천천히, 그러나 똑똑한 발음으로 내게 이렇게 말했다.

"콜라 한 잔 주세요."

캔 콜라와 얼음이 가득 담긴 플라스틱 컵을 받으며 그는 또렷하게 말한다.

"감사합니다."

놀랍다는 표정으로 그를 보았던 주변의 태국 현지인 동료들. 어쩌면 그들 역시 목이 말랐을지도 모르겠다. 하지만 그들은 영어로도 한국어로도 그 말을 하지 못했다. 미래는 준비하는 자를 위한 기회의 시간임을 그가 다시 한 번 일깨워 주었다. 감사한 사람은 오히려 나였다.

하늘의 부부싸움

스프레이로 단단히 세운 머리에 길게 붙인 속눈썹과 진한 메이크업. 웨딩드레스만 갈아입고 황급히 신혼 여행지로 가는 비행기에 탑승한 신부 승객을 볼 때마다 마음이 편치 않다. 장거리 비행임에도 딱딱하게 고정된 머리 때문에 의자에 머리 한 번 편히 기대지 못하고, 거기다 피로연에서 잔뜩 술을 마시고 취한 신랑 시중까지 들어야 하는 경우라면 두말하면 잔소리다. 그래서 그런지 여행을 시작하는 출발지인 비행기 안에서부터 다투는 신혼부부들을 종종 본다. (그때마다 나는 차라리 결혼식 당일 신혼여행을 떠날 것이 아니라 좀 쉬고 다음 날 신혼여행을 가는 것이 낫겠다 싶다.)

이날도 예외는 아니어서 첫 부부싸움을 한 신부는 북받치는 설움을 이기지 못하고 울음을 터뜨렸고, 분을 삭이지 못한 신랑은 자리를 바꿔 달라고 성화다. 빈자리도 없었지만, 있다 해도 과연 자리를 교체해 주는 것이 옳은지 도무지 판단이 안 선다. 정중히 빈자리가 없다고 사정을 설명하니 내 말은 듣지도 않고 이젠 오히려 서로를 노려보며 육박전에 돌입할 태세다.

도저히 내가 해결할 수 있는 일이 아니라 에이 존(A zone, 비행기 기내를 앞 방향에서부터 구역을 나눌 때 이르는 말)으로 조르르 달려가서 사무장님께 보고했다.

"사무장님, 씨 존(C zone)에 있는 신혼여행객이요…."

사무장님은 별일 아니라는 듯 내 말이 끝나기도 전에 L1 Door(A zone에 있는 문을 오른쪽과 왼쪽으로 나누어서 R1, L1로, B zone의 문을 R2, L2… 식으로 부른다.)에서 떡 하니 일어나 뚜벅뚜벅 걸어간다. 뒤에서 말없이 졸졸 따라가는 나.

사태의 심각성에 비해 싸움은 너무나 싱겁게 끝났다.

"아, 참 성격도 급하시네요. 이제부터 죽을 때까지 싸울 텐데 왜 벌써부터 싸웁니까? 빈자리도 없으니까 두 분 빨리 화해하세요."

마치 아이를 달래는 듯한 말에 압도되어 조용해진 신혼부부. 아, 이

것이 경험이요 경륜이구나. 육박전을 코앞에 두었던 문제의 신혼부부는 거짓말처럼 다시 다정한 부부로 돌아가 잠이 들었다. 사실 이 신혼부부는 탑승할 때부터 우리의 시선을 확 끌었다. 과일 바구니를 들고 탑승했는데 얼마나 큰지 선반(Overhead bin)에 들어가지 않았다. 한 승무원이 힘으로 마구 밀어 넣다가 그만 바구니가 부러져 멜론과 오렌지는 기내 안을 데굴데굴 굴러다니고…. 사이판 역시 다른 많은 국가들처럼 과일 반입이 법으로 금지되어 있다. 방법은 버리든지 먹어서 없애는 것 두 가지뿐이다. 우리는 항상 후자의 방법을 택해 과일을 모조리 깎아 승객들과 나누어 먹었다. 이렇게 과일을 나누어 먹으면 가족적인 분위기가 조성되고 승무원과 승객이 하나가 되곤 했었는데, 9·11 테러 이후 비행기 내에 주방용 칼을 탑재하지 못하게 된 후로는 승객들과 과일을 나누는 풍경도 사라졌다.

선입견으로 대하지 마라

LA행 비행. C존의 R side 맨 앞에 한 가족인 아랍 승객이 탑승했는데, 식사는 도저히 먹을 만한 것이 없고 음료수를 시킨 지가 언제인데 여 승무원이 안 가져온다며 불평이 심했다. 급기야 그 승객은 막내 여 승무원을 붙잡고 불평을 늘어놓으며 나무라기 시작했다. 옆에서 들으니 아랍 승객은 여 승무원에게 음료를 세 번이나 부탁했는데 그때마다 무시를 당했다는 것이고, 당사자인 여 승무원은 그런 말을 들은 적이 없다고 했다. 그 순간 뒤에 앉은 미국인 승객이 논쟁에 끼어들었다. 자신이 보고 있었는데 승무원에게 그런 부탁을 하는 걸 본 적도 없다, 왜 사사건건 시비냐며 직접 아랍인 가족 승객에게 선제공격을 가했다.

별일 아닐 수도 있던 사소한 불만은 걷잡을 수 없이 커졌다. 미국과 아랍 두 당사자 간의 전쟁으로 번진 것이다. 아랍인 승객은 뒤에 앉은 미국인 승객이 의자를 자꾸 발로 차서 편안한 비행을 할 수 없는 데다 신발을 벗고 있어서 악취가 심하다고 주장했고, 미국인 승객은 아랍인 승객 일행이 너무 시끄러워 그야말로 폭발 일보 직전이라고 응수했다. 급기야 서로 옳다고 주장하며 내게 자신들의 억울함과 정당성을 주장하고 나섰다. 다행히 빈자리가 있어 자리 교체를 권유했지만, 다들 자신은 잘못이 없으니 상대방이 자리를 옮겨야 한다고 주장하며 버텼다. 정말 이건 화약고에서 담배 피는 사람을 보고 있는 심정이었다.

나는 중립을 지켜야 하는 입장이었지만 그렇게 하지 못했다. 매사에 불평불만이 가득했던 아랍인 승객들을 이 사건을 핑계로 멀리 쫓아버리고 싶었다. 그전에 갤리(주방)에서 나는 소음이 심하다고 불평도 했던 터라 괜찮은 해결책으로 보였다. 나는 아랍인 승객들에게 다른 자리로 옮겨 갈 것을 정중하게 부탁했다. 불만에 가득 차서 우리 승무원들을 모함하는 이들로부터 한시라도 빨리 자유로워지고 싶었던 거다.

내 말이 떨어진 순간 아랍인 승객 일행의 불만은 지하 심부에서 끓고 있던 화산이 폭발하듯 터져 나왔다. 당신은 왜 내 말은 하나도 믿지 않느냐며 따지듯 물었다. 실제로 난 그 승객들의 말을 믿지 않았기에 눈도 꿈쩍하지 않았다. 우리의 불편한 대치 관계는 오랫동안 지속되었고, 사건은 사무장님까지 출동해서야 불안한 휴전 상태에 돌입했다. 결국 아랍 승객 일행은 그들의 자리를 끝까지 사수했다. 뒤로는 미국인 승객과 으르렁거리고 앞으로는 한국 국적의 남 승무원과 대치 상태였지만 다행히 더 이상의 충돌은 일어나지 않았다.

사건이 어느 정도 진정되었을 때 막내 승무원이 시원한 음료수를 들고 내게 조용히 다가와 이렇게 말했다.

"사실 그 사람들이 음료를 몇 번 부탁하긴 했어요. 처음엔 악센트가 너무 강해 무슨 말인지를 못 알아들었구요, 그 다음 요청은 알아듣긴 했는데 다른 일 하느라 그만 깜빡했습니다. 사건이 이렇게 커질지 몰랐습니다. 정말 죄송합니다."

순간 쥐구멍이라도 찾고 싶은 심정이었다. 내가 실수했구나! 편견과 선입견으로 사람을 대한 것이다. 그러고 보니 신발을 벗고 있는 미국인 승객 근처에서 정말 발 냄새가 나는 것 같기도 했다.

안절부절못하다가 식사 서비스를 하면서 아랍인 승객에게 사과의 말을 전했다. 여전히 화가 난 표정이었지만 의외로 선뜻 괜찮다고 말해주어 마음이 조금은 편해졌다. 잘 알지도 못하면서 색안경을 끼고 사람을 대하면 안 된다는 교훈을 뼈저리게 느낀 비행이었다.

한국어를 잊었어요

생김새는 100퍼센트 한국 토종인데도 영어로 말하는 승객들이 꽤 있다. 이런 승객 중 몇몇은 한국말도 곧잘 하는 데도 죽어라 영어로만 말하기를 고집한다. 정말로 한국말을 모르는 경우는 아주 극소수에 불과하다. 이럴 때마다 난 죽어라 한국말로만 대답한다. 특히 혀 꼬부라진 영어 발음이 나오면 즉각 한국말로 응수한다. 승무원으로서 결코 올바른 행동이라고 말할 수 없으나 한국인은 한국말을 사랑할 의무가 있다는 생각도 강하다. 물론 영어 발음이 좋은 사람들을 만나면 괜히 배가 아파 심통이 나서이기도 하다.

이렇게 계속 한국말로 대꾸하면 승객들의 반응은 보통 이렇다.

첫째, 이상한 놈 다 보았다는 듯 째려보는 형. 하지만 대부분은 결국 한국말로 한다.

둘째, 그래도 영어만 고수하는 형. 이럴 땐 다음과 같은 웃긴 상황이 펼쳐지기도 한다.

승객 What kind of food do you have?
나 고기와 생선이 있습니다.
승객 Fish, please.
나 여기 있습니다. 맛있게 드십시오.
승객 Thanks.

셋째, 아주 드물게 "I'm sorry. I can't speak Korean."이라고 말하는 형. 이럴 때는 나 또한 영어로 "죄송합니다. 한국분인 줄 알았습니다."라고 사과한다. 보통 한국인처럼 생긴 중국인이나 일본인 승객이 주로 이 경우에 해당된다.

LA행 비행 중의 일이다. 식사 서비스를 하고 있는데 한 승객이 영어로 식사가 무엇이냐고 물어본다. 외모를 보니 100퍼센트 한국인이기에 나는 이번에도 한국어로만 말했다. 그런데 이 승객의 반응이 좀 다르다. 우수의 찬 눈빛으로 한국말을 잊었다고 하는 게 아닌가. 한국말을 못 하면 못 하는 거지 잊었다는 건 또 무슨 말이지?

식사 서비스와 기내 판매가 모두 끝난 후 나는 약간의 간식거리를 들고 그에게 다가갔지만 조용히 눈을 감고 있어 그냥 지나쳤다. 시간이 얼마나 흘렀을까. 갤리를 홀로 지키며 구석에 쪼그리고 앉아 있는데, 그가 물 한 잔만 부탁한다며 주방의 커튼을 반쯤 열어젖혔다.

물 컵을 건네며 한국인인 줄 알았다고 했더니 자신은 한국인도 미국인도 아니란다. 잠시 침묵이 흘렀다. 그는 다시 말을 이었다. 지금 스물여섯 살인데 일곱 살에 미국에 입양되었단다. 자신의 생모를 찾기 위해 2주간 한국을 방문했지만 정보가 너무 부족해 생모를 만나지 못하고 미국으로 돌아가는 길이란다.

당황스럽기도 하고 너무 놀라워서 위로의 말은커녕 입조차 떼기 어려웠다. 한국으로 가는 비행기 편에서 만났다면 몰라도 LA로 향하는 이 시점에서 지금 내가 할 수 있는 일은 아무것도 없다.

더 이상의 대화는 없었다. 그에 대해, 그의 미국 생활에 대해 아무것도 모르지만 그의 축 처진 어깨는 앞으로도 잊기 힘들 것 같다.

죄송합니다, 실례합니다

언젠가 한 선배가 "승무원은 전생에 죄가 많은 사람이야. 그래서 항상 죄송합니다, 실례합니다라는 말을 입에 달고 사는 거야."라고 말한 적이 있다. 흔히 예쁜 유니폼에 밝은 미소, 세계의 하늘을 난다는 승무원이라는 직업의 비애를 단적으로 드러낸 푸념 겸 현실이라고 생각한다.

업무 중 죄송합니다, 실례합니다라는 말을 입에 달고 사는 직업이라고 하면 너무 비굴해 보이려나? 하지만 뭐 그리 틀린 말도 아니다. 한 동료는 종교의 힘으로 버틴다고도 하고, 또 다른 동료는 출근하기 전에 비위를 떼 놓고 온다고 우스갯소리를 한다.

그러나 나는 내 직업이 좋다.

난생 처음 외국 구경을 가는 할머니, 할아버지들이 며느리가 볶아 줬다며 검은콩 한 줌을 반 강제로 내 입에 넣어 주시며 "총각이 예뻐서 내가 주는 겨."라고 말씀하실 때 입 안 가득 고소함과 따스함이 번지고, 조기 유학 간 아들을 1년 만에 만난 어머니가 별달리 해 준 것도 없는 우리에게 90도로 인사하며 고맙다고 말씀하실 때 나는 눈시울이 뜨거워진다.

"총각, 수고했어." 하며 궁둥이 툭툭 쳐주시는 할머니, 할아버지, 어머니, 아버지, 나의 승객들이 있는 한 나는 계속 비행기를 탈 것이다.

객실 승무원, 아는 만큼 보인다!

1. 객실 승무원은 구체적으로 어떤 일을 하나요?

객실 승무원은 기내에서 승객들의 편의를 위한 서비스를 제공하고 안전 관련 업무를 수행하는 직업입니다. 기내 방송, 입국 관련 서류 점검, 기내 음료 및 식사 제공, 기내 면세품 판매 등 승객에게 양질의 서비스를 제공해야 하며, 항공기 운항 중이거나 항공기 운항 전후에 승객 안전과 비상 탈출 등 항공 보안 임무를 수행해야 합니다.

공항은 가족과 친구, 사랑하는 사람과의 만남과 이별이 공존하는 곳이며 미지의 세계로 출발하는 곳이기도 합니다. 그만큼 새로운 세상에 대한 설렘과 불안감이 교차하는 공간이지요. 개인적으로는 설렘과 불안이라는 상반된 감정을 느끼고 있는 승객들에게 기쁨, 행복과 같은 긍정적이고 희망적인 감정은 두 배로 증폭시키고, 슬픔이나 떨림, 불안

＊이 원고는 『스튜어디스·스튜어드가 말하는 항공 승무원』 필자 몇몇의 의견을 모아 편집부에서 정리한 것입니다.

과 같은 부정적인 감정은 사라질 수 있도록 기내의 승객에게 편안함을 제공하는 사람이 바로 승무원이라고 생각합니다.

2. 스튜어디스, 스튜어드, 플라이트 어텐던트, 캐빈 크루 등 객실 승무원을 부르는 말이 여러 가지입니다. 무슨 뜻인가요?

예전에는 객실 여 승무원을 스튜어디스(stewardess), 객실 남 승무원을 스튜어드(steward)라고 불렀지만, 최근 들어서는 많이 쓰지 않습니다. 외항사의 경우 객실 승무원을 호칭할 때 주로 플라이트 어텐던트 (flight attendant)와 캐빈 크루(cabin crew)라는 말을 많이 쓰는데, 비율은 반반 정도입니다. 뜻의 차이라기보다는 미국식 용어와 영국식 용어의 차이가 아닐까 생각합니다. 한국인 객실 승무원들은 대체로 승객들이 '승무원'으로 부르는 걸 선호합니다.

3. 객실 승무원이 되려면 어떤 과정을 거쳐야 하나요?

국내외 항공사에서는 객실 승무원을 공개 채용하고 있습니다. 객실 승무원이 되려면 각 항공사별로 진행되는 공채 시험에 응시하면 됩니다. 국내 항공사와 외국 항공사는 입사 요강이 좀 다르며, 국내 항공사라고 해도 각 항공사마다 입사 시험 방식이 다릅니다. 그러니 객실 승무원이 되고 싶다면 구체적으로 어느 항공사의 객실 승무원이 되고 싶은지 목표를 먼저 정한 후 그에 맞게 준비를 하는 것이 좋습니다.

국적 항공사인 대한항공의 경우 일반적으로 서류전형-1차 면접-인성/적성 검사-2차 면접-신체/체력 검사, 수영 TEST 등의 시험을 치릅니다. 물론 시험 순서는 항공사마다 다를 수 있습니다.

참고 자료

〈대한항공〉 신입 객실 승무원의 경우

모집 기간: 상시 접수

모집 방법: 대한항공 채용 홈페이지(recruit.koreanair.co.kr)를 통한 원서 접수

응시 자격:

- 신장 162센티미터(여성) 이상, 시력 1.0 이상

- TOEIC 550점 이상 (최근 2년 이내 국내 정기 시험 성적에 한함)

- 전공 제한 없으며, 학업 성적이 우수하고 해외여행에 결격 사유가 없는 자

〈아시아나 항공〉

모집 기간: 아시아나 항공 홈페이지(www.flyasiana.com) 및 아시아나 항공
　　　　　채용 홈페이지(http://recruit.flyasiana.com)에 공지됨

모집 방법: 아시아나 항공 홈페이지(www.flyasiana.com)를 통한 원서 접수

응시 자격:

- 신장 162센티미터 이상, 나안시력 0.2 이상, 교정시력 1.0 이상(라식 수술
　한 경우 3개월 이상 경과 조건)

- TOEIC 550점 또는 G-TELP 3급 63%, 2급 45% 이상

- 4년제 대학 이상 학력 소지자 또는 졸업 예정자

- 전공 제한 없으며, 학업 성적이 우수하고 해외여행에 결격 사유가 없는 자

〈에미레이트 항공〉

모집 기간 및 모집 방법: 에미레이트 항공 채용 대행사 홈페이지(www.anc
　　　school.com) 또는 www. emiratesgroupcareers.com에서 공고 및 원서
　　　접수

응시 자격:

- 신장: 157.5센티미터 이상인 동시에 암 리치(arm reach, 발꿈치를 들고 팔을 뻗어 재는 길이) 212센티미터 이상, 교정시력 1.0이상(렌즈 착용 가능)

- 학력: 고등학교 졸업 이상

- 나이: 만 21세 이상

- 기타: 영어에 능통하며 해외여행에 결격 사유가 없는 자

〈카타르 항공〉

모집 기간: 수시

모집 방법: 객실 승무원 채용 대행 학원을 통한 인터넷 접수

응시 자격:

- 신장: 157.5센티미터 이상(여), 168센티미터 이상(남)

- 학력: 고졸 이상

- 나이: 만 20세~만 30세

- 시력: 교정시력 1.0 이상

4. 면접시험을 치를 때 유의해야 할 점이 있습니까?

객실 승무원 면접이라고 해서 일반직 채용 면접과 크게 다를 것은 없다고 생각합니다.

우선 바른 자세와 정확한 표현이 중요합니다. 당당하고 절도 있는 행동과 바른 태도는 면접 시 기본입니다. 의자에 앉아서도 자세를 바르게 하고 질문에 대답할 때에는 질문한 면접관을 응시하고 정확하게 자신의 의견을 이야기하는 것이 좋습니다.

또 객실 승무원이 되기 위해 어떻게 준비했는지 알리는 것도 필요

합니다. 객실 승무원에게 어학은 필수이며, 요즘은 영어로 면접을 보는 경우도 많습니다.

입사를 희망하는 회사에 대한 기본 정보를 미리 습득하는 것은 물론이고, 최근의 시사적인 이슈도 파악하고 있어야 합니다.

특히 객실 승무원에게 강인한 체력은 필수적입니다. 면접을 통과한 후에는 수영 테스트 등 체력 테스트도 통과해야 하니 평소에 꾸준한 운동을 통해 체력을 단련하는 것이 좋습니다.

흔히 서비스 업계에서는 대면 호감도라는 말을 합니다. 인상, 태도, 말씨, 자세 등을 나타내는 포괄적 의미로 서비스맨으로서의 판단 기준이 되기도 하는데, 이는 단순히 외모가 뛰어나다는 것과는 다른 의미입니다. 평소에 밝은 표정을 지으려고 노력하는 등 전체적인 분위기를 편안하고 밝고 온화하게 만들어 가는 것도 필요할 것입니다.

이것이 객실 승무원 면접 시 유의해야 할 일반적 사항이지만, 각 항공사마다 좀 더 중점을 두고 선호하는 인재상은 약간씩 차이가 있는 듯합니다.

아시아 국적의 항공사에 면접을 보러 갈 때에는 너무 튀기보다는 단정한 차림으로 가는 것이 좋습니다. 남성이라면 자연스럽게 고정시킨 올백 스타일, 여성이라면 올림머리를 하는 것이 어떨까요. 평소 만나는 객실 승무원의 옷차림을 참고하시면 될 것입니다.

유럽계나 중동계 항공사 면접에서는 영어의 비중이 매우 높습니다. 공용어가 영어이기 때문에 단순히 서류상의 실력이 아닌 커뮤니케이션 능력을 중요하게 생각합니다.

5. 객실 승무원이 되기 위해 유리한 전공이 있나요. 관련 학과를 졸업하면 객실 승무원이 되는 데 유리한가요?

객실 승무원들의 전공은 매우 다양합니다. 객실 승무원이 되는 데 특별히 유리한 전공은 없다는 반증이겠지요. 각 항공사 입사 요강에서도 '전공 제한 없음'을 분명히 하고 있고 실제로 전공에 따른 가산점 제도는 없습니다. 그러니 항공운항과 등 객실 승무원 관련 학과를 졸업한다고 해서 항공사 입사가 더 유리하다고 말씀드리기는 어렵습니다.

관련 학과를 졸업한 객실 승무원들 중에는 학교에서 배운 것이 도움이 되었다는 사람도 있고, 또 몇몇은 전혀 그렇지 않았다고 하니 개인마다 차이가 있는 것 같습니다.

6. 객실 승무원 양성 학원에 다니는 것이 도움이 되나요?

글쎄요. 도움이 된다, 혹은 안 된다고 단정해서 말하기 어려운 문제입니다. 객실 승무원 중에는 객실 승무원 양성 학원의 존재조차 모르고 입사한 이들도 있고, 객실 승무원 양성 학원에서 몇 년째 공부를 해도 항공사 공채에 매번 탈락의 고배를 마시는 사람들도 분명 존재하니까요.

이 또한 개인이 어떻게 활용하느냐의 차이인 것 같습니다. 다만 인터넷 홈페이지 채용 정보만 보면 입사 요강 등이 파악되는 국내 항공사와는 달리, 외항사의 경우 채용 정보를 인지하기가 상대적으로 어렵습니다. 이런 경우 객실 승무원 양성 학원에서는 외항사 객실 승무원 모집 관련 정보를 손쉽게 접할 수 있다는 장점이 있습니다. 객실 승무원 양성 학원 중에는 외항사 객실 승무원 공채 대행을 하는 곳도 있으므로 외항사 공채를 준비하는 분이라면 해당 대행사의 홈페이지 등을 유심히 살펴보는 것이 좋습니다.

7. 객실 승무원이 되려면 영어·일어·중국어 등 외국어를 잘해야 하나요?

물론 잘하면 잘할수록 좋습니다. 국내 항공사 모집 요강을 보면 알수 있듯이 객실 승무원에게 동시 통역 수준의 영어 실력을 요구하는 것은 아니지만 기내에서 승객들과 원활한 의사소통을 할 수 있는 수준은 요구합니다. 그러니 평소에 영어 실력을 착실하게 쌓는 것이 좋습니다.

외항사의 경우는 앞서도 이야기했듯이 공용어가 영어이고, 영어 면접·영어 에세이 등의 시험을 치러서 이를 통과해야 하므로 일정 수준 이상의 영어 실력이 필요합니다.

일어 및 중국어 등은 필수적이진 않으나 능숙하면 좋겠지요. 대한항공의 경우 신입 객실 승무원 서비스 교육 과정 중에 기내 영어는 물론 기내 일어, 기내 중국어 교육 과정이 개설되어 있는 등 양질의 교육을 제공하는 것으로 알고 있습니다. 이런 교육 과정을 잘 활용하는 것도 도움이 될 것입니다.

8. 좋은 객실 승무원이 되기 위해선 어떤 자질을 갖추어야 하나요?

"남에게 봉사하고자 하는 마음의 준비가 되어 있다면 그 사람은 훌륭한 객실 승무원이 될 준비가 된 것이다."

비행 경력이 오래된 객실 승무원 중 한 분이 하신 말씀입니다. 객실 승무원이라는 직업, 겉으로는 화려해 보일지 모르지만 결국은 승객에게 서비스하는 것이 본연의 업무입니다. 여기에 다른 서비스 직종과 다른 것이 하나 있다면 승객에게 서비스를 제공하는 동시에 승객의 안전 또한 책임지고 있다는 점입니다.

객실 승무원에게 승객은 소중한 존재입니다. 하지만 객실 승무원도 사람이다 보니 모든 승객이 늘 좋을 수만은 없습니다. 억지를 부리고 무리한 요구를 하는 승객이나, 다른 승객들에게 피해를 주는 행동을 서슴지 않는 승객들을 겪으면 화도 나고 마음이 상하기도 합니다. 그렇더라도 참고 인내하며 객실 승무원으로서 해야 할 일을 빈틈없이 수행하는 자세가 필요합니다. 그런 점에서 좋은 객실 승무원의 자질이라면 '봉사'를 실천할 수 있는 따뜻한 마음을 바탕으로 양질의 서비스를 제공하고 철저히 안전 업무를 수행하는 능력이 아닐까요.

9. 객실 승무원의 직급 체계는 어떻게 되나요?

항공사마다 조금씩 다를 수는 있습니다만, 직급 체계는 대개 다음과 같습니다. 현장에서 일하는 객실 승무원 직급 중에서는 수석 사무장이 가장 높고, 다음으로 선임 사무장, 사무장, 부사무장 순입니다. 각 단계마다 직급 업그레이드가 되려면 최소한의 체류 연한을 넘어야 하며, 이 외에도 방송 자격, 어학 자격 등 각 항공사에서 정하는 기본 요건을 갖추어야 합니다.

항공사 객실 승무원 직급 체계

직급	영문 명칭
수석 사무장	CP(Chief Purser)
선임 사무장	SP(Senior Purser)
사무장	PS(Purser)
부사무장	AP(Assistant Purser)
객실 승무원(남, 여)	SD(Steward), SS(Stewardess)

10. 객실 승무원의 보수 및 대우는 어느 정도인가요?

객실 승무원의 경우 보수를 정확히 얼마를 받는다고 이야기하기가 어렵습니다. 비행 수당에 따라 보수가 달라지기 때문입니다. 간단히 말해 비행을 많이 하면 할수록 수당이 올라가고, 월 단위로 할당 받는 스케줄에 따라서도 보수가 달라집니다. 하지만 대졸 신입 사원과 신입 객실 승무원의 연봉을 비교해 보면 비교적 높은 편이라는 건 분명합니다.

에미레이트 항공사의 경우 객실 승무원의 보수는 기본급과 비행 수당과 체류비 등으로 나눌 수 있습니다. 기본급은 100만 원 이상이고, 비행을 할 때마다 비행 수당과 체류비를 받는 구조지요. 비즈니스 클래스, 퍼스트 클래스 등 클래스가 올라갈수록 비행 수당도 올라갑니다. 에미레이트 항공사의 경우 한 달에 최대 120시간까지 비행할 수 있습니다. 체류비는 나라에 따라 액수가 다릅니다. 두바이-인천 비행을 기준으로 서울 르네상스 호텔에서 1박 체류한다고 할 때 17만 원이 지급되지요. 즉 비행 시간에 따라, 자신이 일하는 클래스에 따라 객실 승무원의 보수는 달라집니다.

이 외에 객실 승무원 및 그 가족의 경우 90% 할인된 항공권을 이용할 수 있고, 법정 휴가가 적용되며, 여 승무원의 경우 임신 사실이 확인되면 그 시점부터 비행 업무를 중단하고 휴직이 가능한 등 모성 보호 차원에서 타 직장에 비해 휴직 기간도 긴 편입니다.

11. 객실 승무원의 노동 강도는 어느 정도입니까?

객실 승무원의 출퇴근 시간은 비행 스케줄에 따라 결정됩니다. 즉 오전 9시 출근, 저녁 6시 퇴근하는 시스템이 아니라는 거지요. 비행 스케줄에 따라 아침에 퇴근하는 경우도 있고 저녁에 출근하는 경우도 있습니다. 근무 시간 또한 매일 일정한 것이 아니라 장거리, 중거리, 단거리 등 비행 시간에 따라 결정된다고 할 수 있습니다.

비행을 할 때의 노동 강도는 센 편이라고 생각합니다. 장거리 비행이든 중거리 비행이든 단거리 비행이든 해야 할 일이 많고, 휴식 시간도 넉넉지 않습니다. 기내에서의 업무 강도는 타 업무에 비해 매우 높다고 할 수 있습니다. 더군다나 지상이 아닌 하늘에서 일하는 것도 노동 강도가 높은 편이지요. 무거운 승객 가방을 비행기 윗 선반에 들어 올린다거나 각종 음료 및 식사 카트를 밀고 움직이는 등 순간적으로 힘을 쓰는 업무가 많다 보니 허리에 통증이 있는 경우도 있습니다. 시차가 어긋나는 일상의 반복이어서 항상 시차 적응에 어려움이 있습니다. 따라서 무엇보다도 시차에 슬기롭게 적응하는 것이 중요하고, 평상시 요가나 헬스 등의 운동을 생활화하여 건강 유지에 힘을 기울이는 것이 필요합니다.

그러나 다른 직군에 비해 개인 시간이 충분히 주어지고, 비행 후 휴식 시간도 많은 것은 다른 직종의 사람들이 부러워하는 장점입니다.

12. 남자도 객실 승무원이 될 수 있나요?

될 수 있습니다. 남 승무원이 없는 항공사는 거의 없습니다. 그러나 채용 방법과 채용 규모는 항공사마다 다릅니다. 대한한공의 경우 몇 년 전부터 사내 공모 형식으로 자격 및 적성 등을 고려해 남 승무원을 선발하고 있습니다. 아시아나 항공의 경우 1년에 1~2회 정도 객실 승무원 공채 모집을 실시합니다만 남 승무원의 몫은 더욱 적어서 경쟁률이 매우 셉니다. 외국 항공사의 경우도 크게 다르지 않아서 한국 남성을 객실 승무원으로 채용했다는 소식을 접하기는 어렵습니다. 다만 에미레이트 항공이나 카타르 항공 등의 중동 항공사에서는 한국인 남 승무원을 상대적으로 많이 뽑는 듯합니다.

요즘에는 국내에 제주항공, 한성항공 등 여러 저가 항공사(LCC, Low Cost Carrier)가 생겨 객실 승무원을 모집하고 있으므로 시야를 넓혀 채용 정보에 지속적인 관심을 가지는 것이 좋을 것 같습니다.

13. 객실 승무원 사회에서 남녀 차별 및 학력 차별이 있는지요?

객실 승무원 사회에선 남녀가 평등하며 동일한 역할을 수행합니다. 물론 다른 직군에 비해 여성의 비율이 더 많으므로 오히려 여성이 일하기에 편한 부분도 있습니다. 대한민국에서 여성이 전문직으로 인정받을 수 있는 대표적인 직종으로 객실 승무원을 꼽을 수 있습니다. 학력 차별 역시 다른 조직에 비해 거의 없는 편입니다. 몇몇 외항사의 경우 응시 자격에서 학력 조건을 고등학교 졸업자 이상으로 규정하는 등 일단 객실 승무원이 된 후 학력 차별은 없다고 해도 과언이 아닙니다.

14. 객실 승무원의 정년은 언제입니까? 평생직장으로서의 가능성은 어느 정도인가요?

흔히 객실 승무원은 나이를 먹으면 일하기 어려운 직업이라는 편견을 가지고 계신 분들이 많습니다만 객실 승무원의 정년도 여타의 사무직에 종사하는 분들과 동일합니다. 건강 관리 등 본인이 노력만 한다면 정년까지 일할 수 있으며, 그만큼 평생직장으로서의 가능성도 높다고 할 수 있습니다.

15. 객실 승무원의 직업적 전망은 어떻습니까?

앞으로 10년 내에 현존하는 직업의 3분의 1이 사라질 거라는 신문 기사가 나온 적이 있습니다. 아마 인간이 해야 할 일이 점차 자동화되어 기계에게 빼앗기는 경우가 많기 때문일 것입니다.

반면 서비스 업종은 날이 갈수록 일의 종류가 다양해지고 있습니다. 객실 승무원은 어떨까요? 기내에서 객실 승무원이 하는 일을 10년 후라고 해서 20년 후라고 해서 컴퓨터나 기계로 대체할 수 있을까요? 자동화가 가능할까요? 그렇지 않을 것입니다. 관광업이 번창함에 따라 항공 산업 역시 그 규모는 더욱 커질 것이고, 그에 비례하여 객실 승무원의 수요 또한 늘어날 것이라고 확신합니다.

16. 객실 승무원 특유의 문화로는 어떤 것이 있을까요?

객실 승무원들은 비행을 나가게 되면 적게는 8명에서 많게는 10여 명까지 한 팀을 이룹니다. 장거리 비행의 경우 10시간 넘게 기내에서 함께 일하고 생활하는 것은 물론, 외국에서도 같이 체류하기 때문에 팀원 간의 유대가 강한 편입니다. (매번 비행팀이 달라지는 일부 외국 항공사의 경우 그렇지 않을 수도 있습니다.)

또 승객들에게 서비스하는 자세가 몸에 배다 보니 일상생활 중에 본인도 모르게 일할 때의 행동이나 말이 튀어나오기도 합니다. 실수로 다른 사람의 발을 밟았을 때 "손님, 죄송합니다."라고 말하는 경우도 있고 전철이나 버스에서 노인이 서 계시면 자동적으로 일어나 자리를 양보하기도 합니다.

한 외항사 객실 승무원은 엄마의 발을 밟고도 본능적으로 "쏘리, 마담."이라고 했다고 하더군요.

참, 객실 승무원들은 대체로 잘 먹습니다. 기내 업무가 상대적으로 에너지 소모가 많아서 그런지는 몰라도 우아한 이미지의 여 승무원들도 대체로 잘 먹는 듯합니다. 식사를 빨리하는 객실 승무원도 많은데,

비행 중 밥을 빨리 먹는 것이 습관이 되어 지상에서도 밥을 빨리 먹는 것 같습니다.

17. TV 드라마에 나오는 것처럼 같은 회사 내 객실 승무원끼리 결혼하는 경우가 많은가요?

다른 직종의 사내 결혼 비율이 얼마나 되는지는 알 수 없습니다만 객실 승무원끼리 결혼하는 경우를 종종 볼 수 있습니다. 비행 스케줄에 따라 일하는 객실 승무원의 경우 남들이 놀 때 비행을 할 수도 있고, 남들은 일할 때 본인은 쉴 수도 있으니 아무래도 일반 회사에 다니는 사람들보다는 같은 객실 승무원과 만나기가 더 쉬울 수 있습니다. 스케줄 근무라는 객실 승무원의 특수성 때문이 아닌가 싶습니다. 또 기내라는 제한된 공간에서 함께 일한다는 점, 해외에서 체류하는 동안 가까이에서 보며 알아 갈 기회가 많다는 점도 이유가 될 거라고 생각합니다.

18. 운항 승무원과 객실 승무원의 업무는 어떻게 다른가요?

운항 승무원이라고 하면 우리가 흔히 말하는 조종사(Pilot)를 의미합니다. 일반적으로 항공기에는 기장(Captain)과 부기장(First Officer)이 탑승하며, 기장은 운항 중에 있는 항공기에 대한 최종 결정권을 가지고 있습니다.

객실 승무원은 항공기의 안전 운항을 위해 기장을 보좌하여 운항 중의 승객 안전과 항공 보안에 관한 임무를 수행하고 있습니다.

그러나 안전 업무 외의 대고객 서비스 업무 등 대다수 업무에서는 운항 승무원과 객실 승무원의 업무가 분리되어 있으므로 업무가 이원화되어 있는 조직이라고 보시면 됩니다.

19. 객실 승무원이 되면 정말 세계 곳곳을 쉽게 여행할 수 있나요?

어느 정도 경력을 갖추고 국제선 노선에 근무하게 되면 비행 스케줄에 따라 월 2~3회 정도 해외에 나가게 됩니다. 물론 국제선 비행 종료 후 해외 체재 시 정해진 일정 범위 이상의 구역으로 이동할 수 없다는 규정이 항공사마다 있긴 합니다만, 규정 내에서 체력적으로 문제만 없다면 도착지 근교 여행은 얼마든지 가능합니다.

해외여행 경비 중 가장 큰 비중을 차지하는 것이 바로 항공료와 숙박비입니다. 객실 승무원의 경우 이런 항공료와 숙박비가 저절로 해결되는 것이나 마찬가지여서 세계 곳곳을 여행하는 것이 훨씬 쉽습니다. 이런 매력 때문에 객실 승무원으로 즐겁게 일하는 사람들도 많고요.

20. 객실 승무원이기 때문에 겪는 애로 사항은 무엇인가요?

스케줄 근무의 특성상 미리 약속을 잡기가 힘듭니다. 보통 매달 중순경 다음 달 근무 스케줄이 나오기 때문에 스케줄이 확정되기 전까지는 다음 달 약속을 잡기가 어렵습니다. 간혹 주말이나 명절에도 비행을 할 수도 있고, 해외에서 지내는 경우도 있어 친구 결혼식이나 집안 대소사 등에도 어쩔 수 없이 불참하는 경우가 생기지요.

비행 중 몸이 안 좋을 경우가 참 어렵습니다. 몸이 아프면 조퇴할 수도 있는 일반 직장인들과는 달리 객실 승무원의 경우 일단 비행을 시작하면 자신의 업무를 마쳐야 합니다. 물론 동료 승무원들이 배려해 주기도 합니다만 아무래도 몸이 안 좋으면 힘이 들지요. 10시간의 장거리 비행 내내 아픈 몸으로 승객들에게 밝게 웃음을 보이며 서비스하는 것은 쉽지 않으니까요.

21. 객실 승무원으로서 가장 보람을 느낄 때는 언제인가요?

함께 비행한 승객들이 좋아하실 때 가장 보람을 느낍니다. 나이 지긋한 할머니, 할아버지가 비행기를 떠나면서 수고했다는 말을 하며 손을 꼭 잡아 주실 때, 승객들이 덕분에 잘 왔다고 격려해 주실 때의 기분은 정말 말로 표현하기 힘듭니다.

언젠가 매우 힘든 비행을 마쳤을 때의 일입니다. 목적지에 도착하여 승객들이 하나둘씩 비행기를 벗어나고 있었습니다. 저는 문 앞에서 승객들을 배웅하며 작별 인사를 하고 있었어요. 그런데 중년의 남성 승객이 제 손에 캔 커피를 하나 쥐어 주시는 게 아닙니까. 비행기 안에서 가장 흔히 접하는 음료가 커피지만 그 마음이 너무 고마웠습니다.

승객들을 배웅하면서 작별 인사를 하다 보면 눈도 마주치지 않고 지나가는 무심한 승객들도 있지만, 그보다는 수줍지만 따뜻한 마음을 담은 눈빛을 띤 승객을 더 많이 접하게 됩니다. 마음은 있지만 객실 승무원들에게 표현하는 것이 서툰 것이지요.

하지만 이렇게 승객이 따뜻한 캔 커피 하나로 마음을 전하면 저 역시 마음이 절로 따뜻해집니다. 미소와 함께 캔 커피를 선물 받은 이후, 저는 언제나 캔 커피 하나를 가슴에 품고 살고 있습니다. 고마워하는 승객들의 마음, 그것이 객실 승무원의 보람 전부입니다.